国家林业和草原局普通高等教育"十四五"规划教材

公共部门人力资源管理

高玉娟　主编

中国林业出版社
China Forestry Publishing House

内容简介

公共部门人力资源管理是公共管理的重要组成部分，旨在帮助学生系统了解公共部门人力资源管理的基本原理，引导学生建立逻辑性、创新性思维，为日后的学习、工作打下良好基础。

本教材从公共管理教育的特点出发，将人力资源管理的基本理论与方法和我国公共部门人力资源管理的实践结合在一起，详细介绍了当前我国公共部门人力资源管理的发展情况。本教材以公共部门人力资源管理的主要职能模块为逻辑框架，在第1章对公共部门人力资源管理进行总括性阐述，其后各章按照战略规划 – 工作分析 – 人才获取 – 绩效考核 – 培训开发 – 薪酬福利的顺序依次展开，并将农林业公共部门人力资源管理作为特色章节，独立阐述。

本教材的突出特点为注重内容的引导性与可读性，故在各章结尾附有小结，并针对教学的主要内容附有延伸阅读、思考题和具体案例分析。

本教材既可作为公共管理各专业本科生教材，还可以作为公共部门各级各类管理人员教育培训开发和自学用书。

图书在版编目（CIP）数据

公共部门人力资源管理 / 高玉娟主编. —北京：
中国林业出版社，2023.2
国家林业和草原局普通高等教育"十四五"规划教材
ISBN 978-7-5219-2076-5

Ⅰ.①公… Ⅱ.①高… Ⅲ.①人力资源管理—高等学校—教材 Ⅳ.①D035.2

中国国家版本馆 CIP 数据核字（2023）第 001051 号

策划编辑：丰　帆
责任编辑：丰　帆
责任校对：苏　梅
封面设计：曹　来

出版发行　中国林业出版社
　　　　　（100009，北京市西城区刘海胡同7号，电话：83223120）
电子邮箱：cfphzbs@163.com
网　　址：www.forestry.gov.cn/lycb.html
印　　刷：北京中科印刷有限公司
版　　次：2023年2月第1版
印　　次：2023年2月第1次印刷
开　　本：787mm×1092mm　1/16
印　　张：10
字　　数：227千字
定　　价：39.00元

《公共部门人力资源管理》编写人员

主　　编：高玉娟

副 主 编：崔　莉

编写人员：（按姓氏拼音排序）

　　　　　崔　莉（东北林业大学）

　　　　　高玉娟（东北林业大学）

　　　　　刘岩芳（哈尔滨师范大学）

　　　　　司静波（东北农业大学）

　　　　　杨芙蓉（东北林业大学）

　　　　　张晓峰（黑龙江大学）

前言

《公共部门人力资源管理》是国家林业和草原局普通高等教育"十四五"规划教材，是公共管理专业很重要的一门专业基础课程教材。

进入新时代，高质量发展是全面建设社会主义现代化的首要任务，公共管理致力于推进我国国家治理体系和治理能力现代化。当前，人类社会正经历一场前所未有的大变革，这场变革体现在公共管理领域，就是如何改变传统的社会治理模式，通过管理方式、管理理念及制度的创新，不断拓展、创新、完善"中国之治"？需要我们坚持以习近平新时代中国特色社会主义思想为指导，立足中国实际，解决"中国之问"，回答"世界之问"、"人民之问"、"时代之问"，形成国家治理体系和治理能力现代化的新格局，我国公共管理将迸发出新活力，展现出新力量。

我国公共管理的改革发展，推动了人力资源管理的不断发展。党的二十大报告指出，我国要深入实施人才强国战略，坚持尊重劳动、尊重知识、尊重人才、尊重创造，完善人才战略布局，加快建设世界重要人才中心和创新高地，着力形成人才国际竞争的比较优势，把各方面优秀人才聚集到党和人民事业中来。坚持党管人才原则，深化人才发展体制机制改革，加快建设国家人才战略，以此增强人力资源与组织战略间的互动性，为实现组织战略目标提供强有力的人才支撑。这标志着我国人力资源管理进入了新的发展阶段，它在一定程度上实现了组织战略的有效实施，同时也提升了组织的绩效水平。

"十四五"时期，我国将开启全面建设社会主义现代化国家的新征程，这要求我们国家要建设公共利益性更强、更具民主与法治精神、更加廉洁高效、服务意识更强的政府，这就必须优先培养、建设起一支素质更高、能力更强的公共部门人才队伍，来适应新时代公共治理的复杂局面。

本书的先修课程是管理学、公共事业管理学。作为公共管理学科及相关学科的重要课程之一，本书旨在完整呈现公共部门人力资源管理的理论知识体系，涵盖了公共部门战略性人力资源管理、公共部门人力资源管理、农林业公共部门人力资源管理等具体内容。为了满足广大读者对新时代公共部门人力资源管理的新需求，对公共部门人力资源的相关章节进行了知识的更新外，相较于其他类似的人力资源管理教材，本书还发挥行业院校特色，立足林业院校实际，设立单独章节对农林业公共部门人力资源管理进行介绍，旨在帮助农林高校管理专业的本科生，更好理解农林业公共部门人力资源管理的发展历程和管理现状，力争为国有林场人力资源的管理与开发提供理论依据。本教材作为本科生参考教材，注重培养学生发现分析和解决实际问题的能力，并提供了较为丰富的案例库，既立足公共案例理论，又瞄准我国改革发展实践。总体来看，本书内容难易适中、特色鲜明，力图做到条理清晰、结构完整，以体现公共管理学科的逻辑性与严谨性。本书还力争满足"创新"的时代需求，以期为各级各类管理者丰富人力资源管理知识、提升人力资源管理能力的学习参考及指导文献。

  本教材在编写过程中，得到了东北林业大学、东北农业大学、黑龙江大学及哈尔滨师范大学领导和老师的大力支持和帮助，谨在此深表谢意。

  由于编者水平有限，教材中难免存在不足之处，恳请读者批评指正，以便再版，修订完善。

编 者

2022 年 8 月

目录

前 言

第1章 导论 ... 001

1.1 公共部门人力资源管理概述 ... 001
- 1.1.1 公共部门人力资源管理的含义与内容 ... 001
- 1.1.2 公共部门人力资源管理的基本特征 ... 001
- 1.1.3 公共部门人力资源管理的目标 ... 002

1.2 公共部门人力资源管理的演进及发展历程 ... 005
- 1.2.1 传统人力资源管理 ... 005
- 1.2.2 公务员制度 ... 014
- 1.2.3 现代人力资源管理与传统人力资源管理的区别 ... 015
- 1.2.4 我国公共部门人力资源改革 ... 015

1.3 公共部门人力资源管理的理论基础 ... 019
- 1.3.1 人性假设理论 ... 019
- 1.3.2 人力资本理论 ... 021
- 1.3.3 人本理论 ... 024

第2章 公共部门战略性人力资源管理 ... 027

2.1 公共部门环境与战略 ... 027
- 2.1.1 公共部门的内外部环境 ... 028
- 2.1.2 公共部门战略的含义 ... 029

2.2 公共部门人力资源管理战略 ... 029
- 2.2.1 公共部门人力资源战略的概念 ... 029
- 2.2.2 公共部门人力资源战略与公共部门战略的关系 ... 029
- 2.2.3 公共部门人力资源战略的制订 ... 029
- 2.2.4 公共部门人力资源战略实施与评价 ... 031

2.3 公共部门战略性人力资源管理 ... 031
- 2.3.1 公共部门战略性人力资源管理的含义 ... 031

  2.3.2 公共部门战略性人力资源管理与人力资源管理比较 ·············032
  2.3.3 公共部门战略性人力资源管理的角色、职能与活动 ···············033
  2.3.4 公共部门战略性人力资源管理的问题与改进 ·······················035

第3章 公共部门人力资源的工作分析与职位分类 ················· 039

3.1 公共部门人力资源管理制度构建的价值基础 ·······················039
  3.1.1 欧美"分赃制"下的职位管理 ·······································039
  3.1.2 公务员制度下的职位管理 ··039
  3.1.3 依法行政下的职位管理 ···040
3.2 公共部门的工作分析 ··040
  3.2.1 工作分析的含义 ··040
  3.2.2 工作分析的程序 ··040
  3.2.3 工作分析的内容 ··041
  3.2.4 工作分析的方法 ··041
  3.2.5 工作说明书 ···042
3.3 人员分类管理概述 ···043
  3.3.1 公共部门人员分类 ···043
  3.3.2 人员分类的意义 ··043
  3.3.3 人员分类制度选择的原则 ··044
3.4 公共部门品位分类 ···044
  3.4.1 品位分类的含义 ··044
  3.4.2 品位分类的特征 ··045
  3.4.3 品位分类的评价 ··045
3.5 公共部门职位分类 ···046
  3.5.1 职位分类的含义 ··046
  3.5.2 职位分类的特征 ··046
  3.5.3 职位分类的评价 ··046
3.6 我国公共部门人员分类与实践 ·······································047
  3.6.1 我国公共部门人员分类制度 ·······································047
  3.6.2 我国公务员职位分类的内容 ·······································047
  3.6.3 我国事业单位职位分类的内容 ····································049

第4章 公共部门人力资源的甄选与录用 ································· 052

4.1 公共部门人员的甄选与录用概述 ····································052
  4.1.1 公共部门人力资源的甄选与录用的含义与意义 ················052
  4.1.2 公共部门人力资源的甄选与录用的原则 ························052

4.1.3　公共部门人力资源的甄选与录用的程序 053
　4.2　公共部门人员招募渠道及方法 055
　　　4.2.1　内部招募 055
　　　4.2.2　外部招募 055
　4.3　公共部门人力资源甄选的方法与技术及其标准 055
　　　4.3.1　资格审查 055
　　　4.3.2　笔试 056
　　　4.3.3　面试 057
　4.4　公共部门人员录用程序及评估 060
　　　4.4.1　考试录用的程序 060
　　　4.4.2　公共部门人员录用评估 060
　4.5　国内外公务员招募与甄选实践比较 061
　　　4.5.1　公务员任用形式 061
　　　4.5.2　西方国家公共部门人力资源录用制度 062
　　　4.5.3　公共部门人力资源录用制度 063

第5章　公共部门人员绩效考核 066

　5.1　公共部门绩效考核概述 066
　　　5.1.1　绩效的含义 066
　　　5.1.2　绩效考核的含义 066
　　　5.1.3　公共部门绩效考核的目标 067
　　　5.1.4　公共部门绩效考核的意义 067
　5.2　公共部门绩效考核内容 068
　　　5.2.1　公共部门绩效考核指标选择导向 068
　　　5.2.2　绩效考核的内容 069
　　　5.2.3　公共部门人力资源绩效考核的内容 070
　5.3　公共部门绩效考核流程 070
　　　5.3.1　公共部门绩效考核主体 070
　　　5.3.2　绩效考核的基本流程 071
　　　5.3.3　绩效考核偏差及控制 073
　5.4　公共部门绩效考核方法 074
　　　5.4.1　系统性绩效考核方法 074
　　　5.4.2　非系统性绩效考核方法 074
　5.5　公共部门绩效结果应用 077
　　　5.5.1　公共部门人力资源绩效沟通与改进 077
　　　5.5.2　公共部门人力资源绩效考核结果用途 078

第6章 公共部门人力资源的培训与开发 …… 082

- 6.1 公共部门人力资源培训与开发概述 …… 082
  - 6.1.1 公共部门人力资源培训与开发的基本概念 …… 082
  - 6.1.2 公共部门人力资源培训与开发的原则 …… 082
  - 6.1.3 公共部门人力资源培训与开发的类型 …… 083
  - 6.1.4 公共部门人力资源培训与开发的内容和方式 …… 084
  - 6.1.5 公共部门人力资源培训与开发的程序 …… 086
- 6.2 公共部门人力资源培训与开发需求分析及其方法 …… 088
  - 6.2.1 培训需求的问题分析法 …… 088
  - 6.2.2 培训需求的全面分析法 …… 089
  - 6.2.3 培训需求的综合分析法 …… 089
- 6.3 公共部门人力资源培训与开发的实施与评估 …… 090
  - 6.3.1 公共部门人力资源培训与开发的实施 …… 090
  - 6.3.2 公共部门人力资源培训与开发的评估 …… 093

第7章 公共部门人力资源职业生涯规划与管理 …… 097

- 7.1 公共部门人力资源职业生涯规划与管理概述 …… 097
  - 7.1.1 公共部门人力资源职业生涯规划与管理的相关概念 …… 097
  - 7.1.2 公共部门人力资源职业生涯规划与管理的原则 …… 098
  - 7.1.3 公共部门人力资源职业生涯规划与管理的基本特征 …… 098
  - 7.1.4 公共部门人力资源职业生涯规划与管理的理论 …… 098
- 7.2 公共部门人力资源职业生涯规划 …… 099
  - 7.2.1 公共部门人力资源职业生涯规划的特点 …… 099
  - 7.2.2 公共部门人力资源职业生涯规划的内容 …… 100
- 7.3 公共部门人力资源职业生涯管理 …… 102
  - 7.3.1 公共部门人力资源职业生涯定位 …… 102
  - 7.3.2 公共部门人力资源职业生涯目标设定 …… 103
  - 7.3.3 公共部门人力资源职业生涯设计过程 …… 104

第8章 公共部门人力资源的薪酬管理 …… 107

- 8.1 公共部门人力资源的薪酬管理概述 …… 107
  - 8.1.1 薪酬的内涵 …… 107
  - 8.1.2 薪酬的作用 …… 107
- 8.2 公共部门人力资源的薪酬设计与管理 …… 109
  - 8.2.1 薪酬等级制度 …… 109

　　　　8.2.2 薪酬形式 110
　　　　8.2.3 激励薪酬 111
　　8.3 公共部门人力资源基本薪酬 112
　　　　8.3.1 公共部门人力资源职位薪酬 112
　　　　8.3.2 公共部门人力资源能力薪酬 114
　　8.4 公共部门人力资源绩效薪酬 115
　　　　8.4.1 公共部门人力资源绩效薪酬的含义 115
　　　　8.4.2 公共部门人力资源个体绩效薪酬 116
　　　　8.4.3 公共部门人力资源群体绩效薪酬 116
　　8.5 公共部门人力资源薪酬管理关键决策 117
　　　　8.5.1 薪酬管理的导向及原则 117
　　　　8.5.2 薪酬体系 118
　　　　8.5.3 薪酬等级结构 118
　　　　8.5.4 薪酬水平 119
　　8.6 公共部门人力资源的福利与保险 120
　　　　8.6.1 福利的含义与意义 120
　　　　8.6.2 津贴制度 120
　　　　8.6.3 保险制度 121
　　8.7 国内外公共部门薪酬管理实践 123
　　　　8.7.1 美国公共部门薪酬管理实践 123
　　　　8.7.2 英国公共部门薪酬管理实践 124
　　　　8.7.3 我国公共部门薪酬管理实践 125

第 9 章 农林公共部门人力资源管理 129

　　9.1 农林公共部门人力资源概述 129
　　　　9.1.1 农林人力资源的界定 129
　　　　9.1.2 农林人力资源的体系 129
　　9.2 农林公共部门人力资源建设历史 130
　　　　9.2.1 农业人力资源开发的发展历程 130
　　　　9.2.2 林业人力资源建设的发展历程 130
　　9.3 农林公共部门人力资源管理现状 131
　　　　9.3.1 我国农林牧渔业人力资源总体状况 131
　　　　9.3.2 我国农林牧渔业分大行业的人力资源状况分析 133
　　　　9.3.3 第一产业农业技术人员受教育程度现状 134
　　　　9.3.4 第一产业生产劳动者的受教育程度状况分析 134
　　9.4 农林公共部门人力资源管理的必要性 135

		9.4.1	有利于推动社会经济发展	135
		9.4.2	实现农林产业化和农村现代化	136
		9.4.3	提高农民收入	136
		9.4.4	有利于农林可持续发展	136
	9.5	农林公共部门人力资源开发与管理对策		137
		9.5.1	农业人力资源开发与管理	137
		9.5.2	国有林场人力资源开发	138
		9.5.3	我国国有林场人力资源开发对策	140

参考文献 ……………………………………………………………… **144**

第1章 导论

1.1 公共部门人力资源管理概述

1.1.1 公共部门人力资源管理的含义与内容

公共部门人力资源管理（human resources management of public sector）的含义可分为宏观和微观两个层次。宏观的公共部门人力资源管理是指政府组织根据社会、政治、经济、文化发展的要求，对整个国家各类人力资源供求状况进行宏观和中长期的统计、预测、规划，并制定人力资源管理的基本制度和政策，以支撑并推动整个社会及经济发展。微观的公共部门人力资源管理是指公共部门在组织的使命、核心价值观的指引下，为达成其愿景和战略目标而进行的人力资源战略与规划、组织结构设计、职位管理、招募与甄选、选拔与任用、培训与开发、绩效管理、薪酬管理、人员流动管理、奖惩与权益保障等各项管理活动。宏观的公共部门人力资源管理与微观的公共部门人力资源管理不是截然分离的两个体系，而是有机地融合在一起的，两者互为条件、相互渗透、相互保障，共同形成公共部门人力资源管理系统。

1.1.2 公共部门人力资源管理的基本特征

公共部门人力资源管理与私人部门人力资源管理在管理理念、职能、过程、工具与方法等方面具有诸多共同之处。但是，由于两者的组织目标、组织职能与社会功能不一样，公共部门人力资源管理又具有一些区别于私人部门人力资源管理的特点。

（1）公共性

公共部门不同于企业组织。公共部门特别是政府组织的一切行为，必须符合和有利于公民的利益和需求，否则公共部门将丧失其存在的基本依据。公共管理着眼于社会全局的"公共性"特征，关系到社会大多数成员的切身利益和生活质量，这都与企业追求自身利润最大化的要求完全不同。因此，公共部门人力资源管理必须紧紧围绕为社会提供公共产品和服务的组织目标来进行。公共性是公共部门人力资源管理的根本属性所在。

（2）政治性

在政府组织系统中，许多政策的制定与实施是出于政治的考虑，而不是出于成本、技术和管理的考虑。例如，在重要官员的选拔任用中，政府组织要考虑公职人员选用的多元政治价值的平衡，整合各种政治利益；相当数量的官员是通过政治选任和委任进入公职领域的；人事任用的公开性原则和功绩制原则在很大程度上也是为了反对和防止政治特权的出现。

（3）政策性

公共部门人力资源管理活动是在国家法律法规约束限定下进行的，企业人力资源虽然也是在法律、法规限定的范围内进行管理活动，但相比较而言公共部门人力资源管理的政策性与政治性较强。公共部门人力资源特别是公务员，作为特定的职业群体，其权利、义务、责任都受到法律法规的约束。公共部门人力资源管理机构的行为也是由法律、法规确定的。公共部门人力资源管理活动受到社会公众的高度监督，以保证其行为符合公众要求。

（4）复杂性

政府是一个纵横交错、层层节制的官僚制组织结构体系，组织体系是按照完整统一的原则建立的，要求目标、职责和职能统一，因此合理划分各级行政组织，特别是中央与地方的人事管理权限，建立完整统一的人事管理制度，明确职责范围，是高效管理政府组织人力资源的基础。而政府组织人力资源管理权限的划分是一项复杂的系统工程，这种复杂性是任何其他组织无法比拟的。此外，公共部门人力资源的绩效难以衡量，导致其绩效管理具有复杂性和难度较高的特点。

（5）稳定性

公共部门人力资源管理受到更多法律、法规约束，而且公共部门的组织结构和管理模式相对稳定，导致公共部门人力资源管理具有较强的稳定性。主要表现为管理理念、管理职能、管理工具和管理方法等相对企业而言更加稳定，但缺乏灵活性。

实践中应当根据公共部门管理的特点，积极学习和借鉴发达国家的相关经验，努力探索和总结具有中国特色的公共部门人力资源管理理论体系和管理模式。

1.1.3　公共部门人力资源管理的目标

1.1.3.1　以人力资源发展促进公共部门生产力水平的不断提高

人力资源管理与发展对促进公共部门生产力的提高具有举足轻重的意义。这源于人力资源的能动性与资本性。

（1）公共部门的人力资源是促进公共生产力发展的第一要素

在影响公共生产力水平的诸要素中，人力资源是首要的要素，这是由人力资源自身的特性和它在组织发展中的地位决定的。一方面，在各种生产要素中，人力资源是其他生产力要素的掌握者和使用者。他们能够开发先进的科学技术，运用先进的工作方法和管理手段，依照一定的意志投入资金和物资。因此，他们拥有毋庸置疑的主动性或能动性。另一方面，人力资源本身是影响组织生产力的资本资源，人力资源所具有的高增值性和效益递增性同样是其他生产力要素所无法比拟的。正是由于人力资源在促进组织生产力中的地位，许多学者狭义地将公共生产力管理定义为人力资源的开发与管理，视其为围绕着组织绩效提高而拥有的核心机制与技术。同时，组织使用多种员工发展手段，如共识管理、公职人员素质和能力分析、团队精神塑造、考核考绩制度的改进、业绩工资和其他激励措施、公职人员的培训和发展等来突出人力资源开发对公共生产力提高的意义。

（2）公共生产力目标决定了公共部门人力资源开发与管理的方向

公共生产力目标为公共部门活动和服务质量提供了标准和方向，从而决定了为实现这一服务标准所需投入的各种要素的数量和必须具备的质量。其中，公共生产力的目标对人力资源的质量水平至关重要。显然，只有当人力资源的数量、素质结构、专业种类与生产力要求的标准相一致时，才能够保证既定目标的实现。

(3)公共部门人力资源的品德素质、行为能力与行为规范等是公共生产力水平提高的基础、条件和手段

公共组织的任何公共事务管理活动都离不开人的推动。人力资源质量和人力资源管理水平作为实现政府生产力目标的根本手段,与公共生产力水平密切相关。第一,公职人员的政治品德和道德良知关系到他们是否自觉地为公众服务,是否以其责任感客观公正地执法,这必然会影响公共组织工作的有效性;第二,公职人员的知识水平、业务素质、工作技能和方法,关系到他是否有能力胜任公共部门的各项管理活动,能否高效率地产出公共产品或服务,能否让服务对象满意。因此,公共生产力水平必然是公共部门每个公职人员工作效率和质量的综合反映。

(4)公共部门人力资源管理本身的投入—产出效益也是直接反映组织生产力水平的重要内容之一

人力资源管理作为一个组织的管理活动,也需要支出相应的成本,谋求其管理的收益。而在管理过程中发生的成本与收益之比,反映了人力资源管理活动的效率。由于人力资本开支占组织开支总额相当大的比例,人力资源管理本身的成本—收益关系,会直接影响和关系到组织的总生产力水平。一方面公共部门需要控制人力资源获取、使用、开发、保障等活动发生的成本,以提高本组织人力资源开发资金的效率;另一方面,需要采取一系列科学管理方法,扩大人力资源各项投资和管理的收益。组织可以运用多种方式,积极改进对生产力发展有益的人力资源管理手段,从而使组织整体生产力水平得到提升。表1-1归纳了一些目前公认的能有效地提高组织生产力的人力资源管理手段。

表1-1 能有效地提高组织生产力的人力资源管理手段

·通过工作扩大化、工作丰富化、工作轮换、工作时间缩短化、工作时间弹性化等提高生产力的工作手段,办公环境改进、智能型办公科技的设计等工作场所再设计手段,促进组织生产力的提高
·通过培训、管理发展、员工职业生涯发展、组织发展、员工能力增进等人力资源开发手段,达到提高组织生产力的目的
·通过有效的员工激励手段,激发员工的潜能和动机,提高员工个人的工作绩效
·通过报酬和福利政策的改进,如浮动工资方案、弹性福利措施等,促使员工积极而有效地工作

(5)公共部门人力资源的不断开发是公共生产力水平持续提高的源泉

在一个组织中,不断提高生产力的途径包括科技手段的进步、资本投资形成的新产品的开发和人力资源的开发。其中,人力资源的开发对组织生产力的持续发展具有决定性的意义。因为只有开发了人的主动性和创造性,才能把人的无限创造力运用到科学技术和新产品的开发中去。公共部门人力资源的不断开发,适应了社会发展对公共组织服务要求不断提高的需要,保证了其各项管理工作的有效实现,因而也是保持和发展公共生产力水平的动力源泉。

(6)公共部门人力资源自身的发展也是公共生产力提高的目的

人力资源的开发是公共生产力提高的手段之一,同时,公共生产力提高的根本目的是发展和人的自我价值的实现。一方面,公共生产力的提高可以维护社会秩序,促进社会发

展，为提高全体公众的生活水平和生活质量提供良好的环境；另一方面，公共生产力的不断提高，也为公职人员充分发挥其潜能，满足其多层次的需求开辟了道路，形成了公共部门人力资源良性发展的环境。因此，公共生产力的提高必然要以人为本，一切为了人的发展。

1.1.3.2 推进公共部门的变革与创新，创造适于人才开发与成长的组织环境

变革已经是当今组织管理一项系统的、持续的常规工作，变革的过程不仅是改变组织结构和运行机制的过程，也是改变组织群体和个人的社会心理、态度和行为的过程。在变革中，员工因利益变化、缺乏安全感、对未来持不可知和不信任的态度，往往会采取某些消极和抵抗的行为，从而导致员工与组织间的心理契约（psychological contract）的瓦解，并影响组织变革的进程和结果。其中，人力资源管理者在促进组织变革和化解变革中出现的问题等方面发挥着重要的作用。

①人力资源管理者通过对组织可持续发展的深入思考，使自己成为组织改革的积极影响者和推进者。他们运用人力资源管理的专业知识，学习外界的先进经验，引入新的管理理念、思想和技术方法，以此为组织选择变革目标和方向提供直接的参照依据。而且，他们作为组织的灵活性，从人力资源管理方面保证组织变革过程的可行性。

②人力资源管理者不仅是组织变革进程的重要推动者，而且，他们还通过多种途径，取得所有组织成员对组织变革的认同。人力资源管理部门常常通过有计划的培训和教育战略，讨论组织发展的共同愿景，建立员工的共同价值观。同时，人力资源管理者也通过与组织结构变化相适应的人事管理制度改革方案，如工作再设计、全面质量管理（total quality management，TQM）等，实质性地促使组织变革的实现。

③人力资源管理者帮助员工化解改革中面对的问题和困境，减少员工对变革的恐惧和忧虑，变阻力为改革动力。人力资源管理部门常常吸引员工参与组织变革方案的讨论和制订，通过职业生涯发展规划，为员工寻求广阔的发展空间。通过员工心理咨询、福利保障计划等，降低员工的心理焦虑，增加其对组织的信任，与员工一起商讨绩效的方法。授权于员工，促使员工自主管理，参与有利于组织发展的学习、工作团队。

对于人力资源管理来说，一方面，公共部门的创新和发展是加强组织与环境之间的适应和调整能力，提高组织对公众多样化需求的响应水平；另一方面，组织变革是提供一个环境、文化氛围以适应人力资源的增长，从而形成一个相互促进、组织之间良性循环和可持续创新进步的局面。

为创造人才发展的环境和文化氛围，公共部门人力资源管理应努力做到以下几点：首先，建立公平公正、以功绩为本的人才任用和评价标准。根据员工的工作业绩水平，对其客观评价并合理使用，以此建立重视员工成就、鼓励进取、摒弃懈怠、奖勤罚懒、贡献与收获平衡的组织文化，保证优秀人才在竞争中脱颖而出。其次，建立和发展与员工的定期沟通渠道。听取员工对组织建设的意见和建议，肯定员工的拼搏精神和成绩，鼓励员工开拓创新，容忍员工在创新中犯的非原则性错误。通过交流、沟通和讨论，使员工能够在个人发展与组织发展达到动态平衡，增强员工对组织的归属感和奉献精神。在开放、宽容、和谐的组织环境中，使员工的成长得到心理上的保障，形成共同创造、相互支持的组织文化。最后，组织通过员工职业发展管理、培训发展、岗位再设计等有效的资源安排和管理

手段，为员工的职业发展提供空间和机会，积极促进员工综合素质的提高。一个重视员工发展的组织必然会得到员工的信任和尊重。

1.2 公共部门人力资源管理的演进及发展历程

1.2.1 传统人力资源管理

我国是一个有着几千年人类文明的国家，与国家机构相伴而生的传统人事制度有着悠久的历史。受各个时期社会、政治、经济、文化制度的制约，其人事管理制度呈现出许多特点。

1.2.1.1 古代人事制度

我国古代人事管理制度大致经历了从尧舜到秦统一、从秦朝到南北朝以及从隋唐到晚清3个发展阶段：

（1）从尧舜到秦统一是我国古代人事管理制度发展的萌芽阶段

据史书记载，夏代以前的我国尚处于原始氏族社会，部落联盟是在血缘关系的基础上形成的。尧、舜等人物就是部落联盟的首领，氏族首领由民众推举产生，或由具有很高威信的人担任。推举出的氏族首领又以让贤的方式把部落管理权传递给后继者，即禅让制。禹晚年按"禅让制"将其位置传给后继者伯益时，其子启不甘权柄旁落，便联合友党"攻益而夺之天下"，开始了父死子继、兄终弟及的世袭制。

公元前21世纪，原始社会解体，诞生了我国历史上第一个奴隶制国家——夏，标志我国进入阶级社会，私有制代替了原始公有制。夏、商、西周均实行"亲贵合一"的政权组织原则和宗法等级制的君主专制政体。即国王为一国君主，享有至高无上的权力，世代相袭，国王之下设有不同等级的官职，按宗法血统和任人唯亲原则实行"世卿世禄制"。西周，在宗法制基础上又发展出分封制，以天子为中心，以血缘亲疏为标准划分权力的等级、分配封地的多寡，进一步加强了奴隶主贵族的统治，使奴隶制国家的管理体制和职官制度更加严密。

春秋战国时期，是奴隶制向封建制的转变时期，新兴地主阶级为了巩固和扩大自己的政治经济实力，普遍革新变法，其中最主要的就是改革人事管理制度。例如，打破血亲分封、取消官吏的世袭世禄、采取立功进仕、广为招聘人才、实行俸禄（俸薪）制等。

（2）秦汉至南北朝时期是我国古代人事管理制度发展的初创阶段

公元前221年，秦统一全国，创立我国历史上第一个统一的中央集权封建国家，也开始了古代官吏人事管理制度的初创阶段。秦朝在中央实行丞相、太尉、御史大夫分领行政、军事、监事权力的"三公九卿制"；地方实行郡守、郡尉、郡监与中央的"三公"相对，县有县令、县尉、县丞的郡县二级制。以上机构的长官均由皇帝任免，实行高度集权。汉承秦制，保留"三公九卿制"和"郡县制"。随着中央集权制度的建立健全，录用、考核、监察、培训等人事管理制度也逐渐完善起来。秦汉时期的人事制度主要有：察举、征辟、策试、上计、监察、秩禄、致仕。此外，汉朝开始有了对官吏的任用限制，即后来的回避制度。

从魏晋到南北朝是我国历史上大动荡的时期之一，政权更迭频繁，直接影响官吏的人事管理，九品中正制取代察举征辟制，成为选拔官吏的基本制度。九品中正制，也叫九品官人法，主要以中正地品评为依据任免官吏，始于曹魏，延至两晋南北朝。具体做法是中央政府在各州郡设置中正官主持评选，参加中正品评的对象是同籍的士人，以求官者的家世、德行、才能为标准定出上（上、中、下）、中（上、中、下）、下（上、中、下）9个等级，即九品。郡县报州、州报中央、终报皇帝任命。

由于魏晋南北朝时期门阀之风盛行，推荐选拔制度的弊病日益突出，考试作为一种选官的办法越来越受到重视，与之相关的原则、名目、机构、范围、做法等问题亟待解决，科举致仕呼之欲出。

（3）隋唐至晚清是我国古代人事管理制度发展的成熟阶段

公元581年，隋统一全国，结束了近三百年的分裂局面。继之而起的唐朝承袭隋制，并在政治经济上实行一系列改革，我国封建社会进入发展和繁荣时期。这一时期的封建专制主义中央集权政治制度更加完备，从官僚制度上看，以尚书、中书、门下以及吏、户、礼、兵、刑、工为核心的三省六部制度健全成熟。人事管理方面则主要体现在开科取士制度的确立和发展，以及包括任用、考课、监察、俸禄、致仕在内的官吏管理制度的日臻严密。

①隋文帝时废除九品中正制，设立秀才科；隋炀帝时设进士科，通过考试选拔官吏，把地方官吏的选任权收回中央，九品以上官吏都由中央任免，这是我国科举制的开端。

②隋朝分志行修谨、清平干济、进士三科，通过考试取士。

③到了唐朝，科举制有了长足的进步，设常科和制科两类。常科由礼部定期举行，制科由皇帝不定期下诏举行。常科的考试又分进士和明经两科，先后三场。进士科比明经科难，故进士及第曰"登龙门"，可以平步青云。

④宋朝在唐朝的基础上将科举范围扩大，即不讲门第身份，"工商杂类"，甚至僧道者均可应试。最高一级考试，由皇帝主持御试并形成制度。一旦及第立面授以官职，简化了录取程序，激发了学子的学习热情。同时，科举考试规则法制化，主考官实行临时差遣制，州试、省试的主考官每年派没有任过此职的官员担任，并设副主考官互相监督，以保证公正录取人才。此外，还有考官隔离和密封卷首等制度。

⑤明朝开设文进士科与武进士科，考试内容增加，以《易》《书》《诗》《春秋》《礼记》为主，"代圣贤立言"，不允许考生发挥独立见解；并且形成"八股"固定格式，即文章必须分为破题、承题、起解、入手、起股、中股、后股、束股八段，全文字数控制在300~700字，不得超出范围。科举制度主要分为童试、乡试、会试和殿试4个级别。

⑥清承明制。为了培养高级人才，清朝进一步发展了明永乐以后的庶吉士制度。即殿试后的二甲、三甲进士可以根据文章入选翰林院学习，称"馆选"，升迁晋级快于未留馆的人，这也叫"点翰林"，是科举考试的最高一级。清朝高级官员中包括军机大臣、内阁大学士等大多由庶吉士中选拔。清政府在着重推行科举制的基础上，还实行保举制选官，即在现任的低中级官员中保荐中高级官员，使中高级官员和地方正职官员在上任时已具有一定的实际工作能力，弥补了科举致仕的不足。

但是，由于科举考试内容和格式的严格限制，士子对于经书以外的学问一概不闻不问，严重脱离实际，考生不能自由地阐明自己的思想，也埋没了许多有真才实学的人才。

特别是捐纳制度盛行后,"出身"和官职都可以捐款纳资买得,"政由贿成",助长了官吏的贪污腐化,吏治趋向腐败,科举制度也日益走向腐朽没落。

1905年8月,清政府宣布"立停科举",实行了一千多年的科举制终告结束。随着模仿西方教育制度的新式学堂的兴起,政府选拔官吏也从旧时的科举致仕转向重用新式学堂毕业生为主的方式。

【延伸阅读】

儒家"贤"的原则在现代公共人力资源管理中的应用

现代人力资源管理产生于20世纪60年代的西方国家,20世纪90年代传入中国。正如有学者指出,西方管理思想运用于中国均"不同程度地存在着水土不服的问题。在设备、技术、质量、财务、成本等管理领域,因其对象是物,这种冲突相对轻一些,而在人力资源管理中,因其对象是人,这种冲突则相当突出"。因此如何避免这种水土不服就成为大家的关注焦点。中国古代在选才用人上有许多创新,诸如远古社会选贤举能的贤能制度,通过让贤方法来产生首领继承人的禅让制等。而儒家注重"贤"的原则,倡导全面了解、深入考察,并强调知人善任、量才而用,对于现代公共人力资源管理仍具有一定的启发意义。

一、儒家坚持"贤"的选才用人导向

公共部门人力资源管理以公平、公正为价值取向,以公共利益为组织目标、以服务公众为基本职能,在理性经济人与人本思想的指导下,通过一系列管理方式对组织内外相关人力资源进行有效运用,满足组织当前及未来发展需要,保证组织目标的实现与成员发展的最大化。相对于其他组织人力资源而言,它具有公共管理的4个本质特征:履行公共权力,追求公共利益,作用对象是公共事务以及具有公共责任。

儒家"尚贤任能",崇尚贤人政治,孔子提出"举贤才"的治国方略。"贤人"是孔子心中的社会精英,也是其人才思想的核心。他认为"举直错诸枉,则民服。举枉错诸直,则民不服"。即推举提拔正直的人,放在邪曲的人之上,民众就会服从;反之,民众不服从。并且"举直错诸枉,能使枉者直"。孟子更是指出"不用贤则亡";强调"尊贤使能,俊杰在位,则天下之士皆悦,而愿立于其朝矣",把人才放在适合他的岗位上才能充分发挥其对社会的积极作用。荀子也主张选贤举能,认为"明主急得其人,而闇主急得其执。急得其人,则身佚而国治,功大而名美,上可以王,下可以霸;不急得其人,而急得其执,则身劳而国乱,功废而名辱,社稷必危"。意思是国家虽有严刑苛法,而无贤人治理,也必定出乱子,甚至危殆。

儒家所谓"贤人",或曰"仁人、贤士、君子"的标准众说纷纭。一般而言,"所谓贤才,是那种自己的行为完全符合规矩,说的话能够使天下效法,使天下人富有而自己不蓄积私财,布施天下而不担心自己贫穷的人"。也即孔子所谓"有君子之道四焉:其行己也恭,其事上也敬,其养民也惠,其使民也义"。儒家的这些理念对中国当前公共部门人力资源管理具有重要意义。

二、"贤"在现代公共人力资源管理中的运用

公共人力资源坚持社会性、公众性的价值取向,在选才用人方面,可以从德、能、勤、绩、廉5个方面去考察,而这5点正是儒家所谓"贤"者所应具备的。

(一)德

中国自古重"德",在人才选拔方式上,从世袭制、荐举制一直到科举制,无不贯彻"德才兼备"原则。儒家思想中,"德"与"仁"往往相互代替,孔子认为"德"有5种具体含义,分别是:恭、宽、信、敏、惠。"恭则不侮,宽则得众,信则人任焉,敏则有功,惠则足以使人"。庄重不致遭受侮辱,宽厚会得到大家拥护,诚实会有他人任用,勤敏会取得功绩,慈惠则能够任用他人。"德并不是抽象的,而是创造实绩的保证,没有良好的道德品质,很难创造突出的工作实绩"。公共部门更注重公共利益,需要工作人员做到:①有较高的政治思想觉悟和较强的责任感和责任心,遵守国家法律法规;②有较高的伦理道德修养,能够顾大局、识大体,富有团队合作精神;③有较高的职业道德水准,能够用高尚的道德引领工作实践;④有较好的心理健康水平,包括行为动机纯正、兴趣爱好健康等。

(二)能

能,即能力或才干,指履行职责的能力及分析处理问题的经验。孔子曾说"不患人之不己知,患其不能也",也曾说"君子病无能焉,不病人之不己知也",强调真才实学。"工欲善其事,必先利其器",自己有能力,才可胜任相应工作。荀子有考察他人四法:第一,让其执法,以察其是否诚实地遵从礼法;第二,让其处理错综复杂的事务,以察其应变能力如何;第三,让其处于安乐的生活环境,以察其是否放荡;第四,用色利引诱,用怒险威胁,以察其能否保持贞操,忠于职守。公共部门面临事务纷繁复杂,要求工作人员具备较强的综合能力:首先要明确工作目标,及时完成工作;其次要讲究科学的工作方法,努力使工作落到实处;再次要善于观察、勤于思考,并且不断更新专业知识。公共部门在选才用人时,要注意选拔对象的工作经验、经历,善于捕捉其发展潜力,综合判断其个人能力。

(三)勤

儒家劝勉"敬其事而后其食",首先要认真工作,然后再去考虑薪水收入。并且做到"敏于事而慎于言""见贤思齐焉",勤于向他人学习,对工作能够"敏以求之"。只有"居之无倦,行之以忠",在其位不知疲惫懈怠,坚定地执行政令,才是真正的贤才。勤勉敬业是对工作人员的基本要求,作为公共部门一员,"必须要有较强的工作责任心,勤奋工作,认真履行自己的岗位职责,努力完成领导交办的各项工作任务"。也就是要做到:一是勤于工作。具有较强的事业心和责任感,具有扎实的工作作风和苦干实干精神;在岗位上任劳任怨,有一定的奉献精神。二是勤于学习。通过持之以恒的学习,融汇各种知识,不断拓宽自己的知识面,增强"内力",及时适应各种变化。

(四)绩

思想和言语上的"贤"需要实践加以证明。孔子崇尚听其言,认为"不知言,

无以知人也",但更注重观其行,认为"始吾于人也,听其言而信其行;今吾于人也,听其言而观其行",因为"巧言令色,鲜矣仁"。他主张识人用人要做到言与行的全面考察。"绩"往往是"德、能、勤、廉"的综合反映,"难以想象,一个思想品德恶劣、素质低下、廉洁自律意识较差、没有工作能力、没有责任心又不能勤奋工作的人能够做出什么工作实绩来"。实践是检验真理的唯一标准,工作中的各种考察到最后往往都归结于个人的工作实绩。就公共部门工作人员而言,在工作期间,应做到勤勉而又勇于创新,注重组织效率的提高及经济、社会效益的提升。而其所在的公共部门则可以定期或不定期地开展相关业务培训,以提高员工工作技能,从而提升部门整体业绩。

(五)廉

儒家认为要做到"恭、宽、信、敏、惠",必须"克己复礼",使自己的行为符合礼的标准和要求。所谓"礼","与其奢也,宁俭",如果仅仅依据个人利益而行动,则会招致诸多怨恨,即"放于利而行,多怨"。现代公共人力资源管理强调公共部门的规范管理,要求工作人员廉洁自律,这包括两方面:其一是成员个人的自我廉洁奉公。要时时刻刻严格要求自己,自觉遵守各项组织纪律,自觉抵制各种腐朽思想的侵蚀。其二是在选才用人程序上的透明。加大对人员招聘和录用环节的监督,防止考生通过各种方式贿赂考官,公开竞争岗位,杜绝或严肃处理拉关系、走后门现象。

三、"人尽其才,才尽其用"的结果导向

选才是用人的前提,选才的目的在于用人,而用人的结果导向是"人尽其才,才尽其用"。儒家坚持扬长避短,量才适用。正如孔子的学生各异,禀赋不一,"柴也愚,参也鲁,师也辟,由也喭",然而他认为人各有长,应根据个人特点去从事某项事业。如"由也,千乘之国,可使治其赋也""求也,千室之邑,百乘之家,可使为之宰也""赤也,束带立于朝,可使与宾客言也"。荀子的论述则更为具体。他说:"论德而定次,量能而授官,皆使人载其事而各得其所宜。上贤使之为三公,次贤使之为诸侯,下贤使之为士大夫,是所以显设之也。"荀子还把人才分成3类:①谨慎、诚实、勤勉、计算细致而无遗漏,这是使吏之材;②举止端雅、遵守法度、尽心职业、不敢有任何损益,这是士大夫官师之材;③知道国家各项事业的目的,如隆重礼义是为了加强君主的权威,爱民是为了国家的安全,设置常规法律是为了统一风俗,加强农业、抑制工商业是为了增加财富,不与百姓争利是为了政令通达等,这是卿相辅佐之材。人才有不同类型,即使同一类型又有层次之别,量才而用,才能使其各尽所能。优秀的公共人力资源管理,注重用人所长、避人之短,在充分了解每个人的工作能力及特长的基础之上安排工作,将合适的人放在适合他的岗位上,一方面有利于员工个人价值的实现,另一方面也为组织发展提供了长效机制。

(资料来源:姜涵.儒家"贤"的原则在现代公共人力资源管理中的应用[J].经济研究导刊,2013,28:86-87.)

1.2.1.2 近现代人事制度

我国的近现代人事管理主要包括以下发展阶段：

（1）南京临时政府时期

1912年1月南京临时政府成立，宣告了延续两千年的封建统治的结束。这是中国历史上第一个具有资产阶级民主共和国性质的革命政府。在孙中山先生三民主义的指导下，南京临时政府推行了一系列政治制度改革，人事制度的改革便是其中一个组成部分，即学习并引进西方的文官制度。

孙中山先生把合适的选拔人才制度看作人尽其才的必要途径，并积极筹建文官考试制度，先后制定了任官令、文官考试令、文官考试委员会官职令等法规草案。他还考察和研究了国内外的监督制度，吸取西方选举制度、罢免制度和弹劾制度的长处，结合我国古代监察机构的合理部分，筹建监督官员的专门机构。

由于历史原因，南京临时政府只存在了3个月。人事制度的改革才刚刚开始，有些尚未实施就夭折了，孙中山先生的许多有关资产阶级民主共和国的构想也未能实现。但是，值得注意和肯定的是南京临时政府的很多改革都具有开创性和进步性，对后世产生了巨大的影响。

（2）北洋军阀统治时期

1912年4月，袁世凯篡夺辛亥革命成果，建立起北洋政府。为了加强军阀独裁统治，在人事管理方面，北洋政府制定了一系列法规，建立了一套从中央到地方的文官管理制度。

北洋政府时期的文官包括行政官、外交官、司法官、技术官、警察等几个类别。其中，行政官是狭义的文官，主事行政；外交官包括领事官；司法官主要是审判官、检察官、书记官、翻译官和监狱官；技术官指政府任用的工程技术人员；警察不是军人，而属内务系统，故也划入文官系统。

北洋政府对各类文官的任用和管理主要体现为：

①任用制度 就行政官而言，分特任、简任、荐任、委任等。其中，特任官指国务总理及各部部长，经国会同意后由大总统特令任用，简任官和荐任官由大总统在合格者中简任或者由国务总理、各部总长经国务总理向大总统呈报名单后任命；委任官的任免则由各所属长官执行；行政官可以免受刑法、惩戒法的处分，除年老、身残、自请等原因外不得免职，工资待遇从每月几十到上万元不等；就司法官而言，无论院级高低均须经司法部推荐后再呈简任或荐任；司法官在职期间不得干预职务以外的政治，不得加入党派社团，不得充当议员、律师，不得经商。另外，政府还颁布了一系列法令，规定简任以下各类文官，除文官考试成绩合格外，还必须通过资格审查，具备学历文凭证明、曾任某类官职经历、从事行政事务若干年等条件。

②考试制度 北洋政府先后于民国二年（1913年）、四年（1915年）、八年（1919年）进行了3次改革，颁布了相关法令。文官考试分为文官高等考试和文官普通考试2种。主持文官考试的典试委员会分为文官高等考试典试委员会、中央文官普通考试委员会、地方文官普通考试委员会3种。北洋时期的文官考试一般每三年举行一次，凡年满20岁的男子均可以参加，考生必须经过笔试和口试。考试的科目、内容和程序也都兼有专业特点。发展到后来，北洋政府的外交、领事、司法官考试逐步与行政官的高等考试合并进行。

③惩戒制度 中央和地方均设立文官高等惩戒委员会和文官普通惩戒委员会，惩戒

对象主要是违背职守义务者、玷污官吏身份者、丧失官吏信用者。惩戒种类主要分为褫职、降等、减俸和申诫4种。褫职是免任现职，两年以后方可复任；降等是有等者降低一等，一年以后方可升级，无等可降者减俸；减俸是以一月至一年为期，减发月俸的1/10至1/3；申诫即申斥告诫。

北洋政府时期颁布了许多典章法规，特别是在立法初期，尚有一些"民主""共和"的影子，如责任内阁、国会、约法等。然而，随着袁世凯及其后继者独裁统治的加剧，军阀混战不断，许多典章法规都成为摆设，并没有得到真正的实施。孙中山先生在认清了袁世凯假共和、真独裁的面目后，毅然竖起反对军阀统治、倡导国共合作的大旗，1924年他建立了广州国民政府，并对人事制度进行了重大改革，即筹建全国性的考试院。鉴于民国后的政治制度和人事制度的弊端，孙中山先生主张制定"五权宪法"，以考试院为中央政府的考选机构，凡国会议员和全国大小官吏的资格皆由考试院定夺，同时还建立了监察院和惩吏院（政审院）。

（3）南京国民政府时期

1927年4月，以蒋介石为代表的国民党右翼发动政变，在南京成立"国民政府"。南京国民政府在形式上继续实行五权宪政，政府中央由行政院、立法院、司法院、考试院和监察院构成。其中，考试院是最高考试机构和人事管理机构，负责对各类政府官员的考任、铨叙等工作。考试院下设考选委员会和铨叙委员会。考选委员会负责文官的考选，铨叙委员会负责对文官的考核、任免、晋升、降职、俸给、奖恤、资格审查等。"五院"及直辖各部、委、署，省政府及院辖市均设立人事处或人事室，各处（局）、各县（市）政府设立人事室或人事管理员。

南京国民政府的考试院是我国近现代第一个大型的考选铨叙机构，而人事处、人事室则是近现代地方第一批独立的人事管理机构。

南京国民政府从设立考试院后开始推行公务员制度，其公务员制度或文官制度实质上就是有关文职官吏管理的制度。

南京国民政府期间，先后颁布了许多有关公务员人事管理的法律法规，如《公务员交代条例》《限制官吏兼职案》《公务员服务法》《公务员任用法》《公务员俸给法》《公务员考绩法》《公务员退休法》《公务员抚恤法》等。在考选方面，南京国民政府对考试的内容、种类、应考资格以及考试的时间、地点作了详细的规定，建立了一套较为系统的公务员考试制度。公务员和专业职业技术人员的考试分为高等考试、普通考试和特种考试3种。高等考试面向大学专科以上毕业者；普通考试选拔中等以上学校毕业生；特种考试则是一些特殊的任用机关需要专门技术人员而申请另行的专门考试，主要指邮电、海关、财务、教育、会计、盐务等部门。考选种类主要分为政务公职人员、政务官以外的公职人员以及专业技术公职人员。

在日常管理方面，各项工作均由考试院下设的铨叙部负责。例如，甄别是对简任、荐任、委任进行学历、普通考试成绩、高等考试成绩以及任职经历进行审查，作出文字鉴定；登记是对现任职务者的调动、退职和对甄别审查合格者、任用审查合格者、备用人员等按要求的内容逐一填入各种表格内，以便掌握情况；任用是对甄别合格者和对登记人员审查合格者，属于简任官的由铨叙部呈国民政府任命，属于荐任和委任官的由任用机关的行政长官任命，先试用一年，试用期满合格者再实授职务；分发是指经普通考试和高等考试合格者由铨叙部按不同名次造册，拟分送任用机关按其缺额任用，并报考试院备案；俸禄即南京各级政府沿袭北洋政府的文官等级，分为特任、简任、荐任和委任四等，起点月俸按照等级存在一定的级差；考核即每年12月由铨叙部负责对各级政府公职人员逐级进行年考，每三年进行一次总考，主要内容是政绩、学识和操行的考核，考核内容在总分中占有不同比例，考核结果作为奖惩依据；奖励即考核合格者分为一、二、三等，可以给予升等、晋级、记功等不同程度的奖励；惩戒即对于考核不合格或犯有各种错误及过失者，根据情节轻重处以申诫（书面或口头检讨）、记过（一年内不得晋级，一年记过3次则减俸）、减俸（一月至一年）、降级（至少二年，无级可降者减俸）、休职（至少六个月）、撤职（至少一年）等不同程度的处罚。

为了加强对公务员的控制，提高行政效率，南京国民政府还成立了监察院，专职行使弹劾权和审计权，负责对政府官员进行调查监督。

虽然南京国民政府时期，在国民党专制统治下，许多法律法规在公务员人事管理中成为一个纯粹的形式，未能完全付诸实施，但这些条款对公共部门的人才选拔、公平竞争、任用管理等工作仍具有一定的借鉴作用。

1.2.1.3 现代人事制度

自改革开放以来，建设中国特色的社会主义成为党和全国人民的共识，经济体制改革初具规模，政治体制改革逐步展开，人事管理体制改革也随之进入一个科学化、法制化、国际化的，更为开放深入发展的新阶段。

中华人民共和国成立至今的半个多世纪中，我国的人事管理工作和部门曾有过多次变化，党员干部除由中共中央组织部和各级党委组织部统一管理外，各级政府、企事业单位均设有人事机构，协助党委组织部门综合管理各类干部。

总体来说，我国干部人事制度发展历程大体可分为4个阶段：

（1）探索阶段（1980年8月至1993年8月）

新中国成立后逐步形成的干部人事制度在我国社会主义革命和建设过程中发挥了重要作用，但随着实践的发展和改革的深入，传统干部人事制度的问题日益显现出来。主要表现在："国家干部"概念过于笼统，缺乏科学的分类，用一个模式管理机关、企事业单位所有干部，管理方式单一，难以适应经济体制改革逐步深入的新要求。1980年，邓小平同志在《党和国家领导制度的改革》重要讲话中提出，"坚决解放思想，克服重重障碍，打破老框框，勇于改革不合时宜的组织制度、人事制度"。1987年，党的十三大正式提出，对干部实行科学的分类，建立和推行国家公务员制度。1989年，国家公务员制度开始在审计署、海关总署、国家统计局、国家环境保护局、国家税务局、国家建材局等6个部门进行试点，1990年试点扩大到哈尔滨和深圳两市，标志着我国公务员制度从理论研究进入实践探索。

（2）建立阶段（1993年8月至2006年1月）

1993年8月，国务院颁布了《国家公务员暂行条例》，1993年10月1日起在全国行政机关实施国家公务员制度，党的机关、人大机关、政协机关、民主党派机关和群团机关参照实行，标志着我国党政机关人事管理工作逐步走向法制化轨道。该条例颁布后，根据中央统一部署，各地各部门按照"整体推进，突出重点，分步到位"的思路，一年一个重点，推进考录、辞职、辞退、培训、考核等制度，到1997年年底，制度入轨工作基本完成，国家公务员制度在全国范围初步建立。随着经济社会的发展和干部人事制度改革的深化，制度运行中立法层次低、公务员范围确定不科学、管理体制不适应等问题凸显出来，而干部人事制度改革取得的新成果也亟须在公务员制度中体现。2000年，中共中央办公厅印发《深化干部人事制度改革纲要》，明确要抓紧制定《中华人民共和国公务员法》，逐步健全党政机关干部人事管理法规体系。2002年，党的十六大提出健全公务员制度。2005年，十届全国人大常委会第十五次会议审议通过了《中华人民共和国公务员法》。

（3）健全阶段（2006年1月至2012年11月）

2006年1月1日，《中华人民共和国公务员法》正式实施生效，标志着中国特色公务员制度的形成，我国干部人事依法管理进入了新阶段。《中华人民共和国公务员法》总结了《国家公务员暂行条例》实施以来的经验，吸收了干部人事制度改革的新成果，扩展了公务员范围，以法律的形式确立了我国公务员管理的基本原则、基本制度和基本方法，对公务员的条件、义务与权利、职务与职级、录用、考核、职务任免、职务升降、奖励、惩戒、培训、交流与回避、工资、福利、保险、辞职与辞退、退休等各环节各方面作了全面规定。《中华人民共和国公务员法》是我国干部人事管理的第一部基础法律，是公务员管理的基本依据，是改革开放以来党政机关干部人事制度改革成果的集中体现，在我国干部人事制度发展史上具有里程碑意义。《中华人民共和国公务员法》的颁布实施，进一步健全了我国公务员管理法律法规体系，为科学、民主、依法管理公务员队伍提供了重要依据；进一步明确了公务员的义务权利，为提高广大公务员依法执政、依法行政、依法办事能力提供了重要保障；进一步完善了公务员管理体制机制，为深化干部人事制度改革提供了重要支撑。《中华人民共和国公务员法》实施后，入轨运行工作顺利进行，中国特色公务员制度得到全面贯彻执行。以《中华人民共和国公务员法》为主体，先后制定了30多个配套政策法规，逐步形成了较为完整的公务员制度体系。

（4）完善阶段（2012年11月至今）

党的十八大以来，习近平总书记提出了新时代党的建设总要求、新时代党的组织路线、新时代好干部标准等，对干部工作作出一系列重大决策部署，推动干部工作发生格局性重大变化，干部人事制度改革取得新进展、新成果。新时代公务员工作把学习贯彻习近平新时代中国特色社会主义思想贯穿始终，在新的背景下展开，在新的实践中推进，中国特色公务员制度不断发展完善。2012年，党的十八大提出完善公务员制度。2013年，党的十八届三中全会作出深化公务员分类改革的重大部署，提出推行公务员职务与职级并行、职级与待遇挂钩制度，加快建立专业技术类、行政执法类公务员制度。2016年以来，先后印发《专业技术类公务员管理规定（试行）》《行政执法类公务员管理规定（试行）》《公务员职务与职级并行规定》等重要文件，公务员分类改革"四梁八柱"的制度框架基本建立，司法人员分类管理稳步推进。2018年12月29日，十三届全国人大常委会第七次会议审议通过新修订的《中华人民共和国公务员法》，2019年6月1日起正式实施，实现了中国特色公务员制度的与时俱进，我国公务员制度进入科学化、法治化、规范化发展新阶段。2018年，党的十九届三中全会决定中央组织部统一管理公务员工作，我国公务员管理体制发生历史性变革，中央、省、市、县四级公务员管理体制逐步调整到位，对加强党对公务员队伍的集中统一领导、统筹推进干部队伍建设具有重要而深远的意义。

1.2.2 公务员制度

公务员制度是指通过制定法律法规，明确公务员的权利和义务，对公务员进行科学管理的法律制度和管理制度。现代公务员制度是政府行政管理的一种基本制度，也是现代国家政治制度的重要组成部分。

现代公务员制度最早建立于英国。从1688年资产阶级革命开始，英国就建立了君主立宪制的资本主义政权。政治权力高度集中于议会，重要职位的任用由议会中的多数党控制，由此出现了任人唯亲、渎职等现象，严重阻碍了资本主义经济的发展。为了改革人事制度，1852年，英国财政部任命斯坦福·诺斯科特和查尔斯·屈维廉两位爵士调查公务执行的所有问题，1854年，他们提出了《关于建立常任公务员制度的报告》，即著名的《诺斯科特—屈维廉报告》，概述了现代公务员制度的基本框架。1855年，英国以枢密院的名义颁布了公务员制度改革的第一个正式法令《关于录用王国政府文官的枢密院令》，标志着现代公务员制度的正式确立。到20世纪，威尔逊、撒切尔等首相执政时期，英国公务员制度又进行了一系列改革。

在英国公务员制度的基础上，1883年美国国会通过了由议员彭德尔顿提出的公务员制度法案《彭德尔顿法》，标志着美国公务员制度的形成。之后，根据实际需要，美国国会通过了一系列关于公务员制度的法律，如1920年的《公务员退休法》，1949年的《职位分类法》以及1978年的《公务员制度改革法》等，促使了美国公务员制度不断发展和完善。

西方公务员制度脱胎于资本主义经济和政治制度，具有以下显著特点：一是"政治中立"原则。公务员不允许参加某些政治活动，对政党政治采取公正、超然的态度。二是"两官分途"制度。负责国家权力和管理国家事务的公务人员，分为政务官和事务官。政务官大多经选举或政治任命产生，有一定的任期，并随选举胜负而进退；事务官一般从事政府中的行政管理和法律、法令的实施工作，通过公开、竞争考试，从具有行政管理才能的人员中择优录用。三是功绩制原则。注重工作实绩和能力，而淡化资历和亲疏。以工作实绩、效果与贡献大小，作为公务员享受改善待遇的主要条件，考核结果与公务员的工资、待遇和晋升直接相关。

随着改革开放的不断深入，我国干部人事制度的弊端日益显现。为了建立适合于改革开放和经济社会发展的干部人事制度，在前期研究和实践探索的基础上，1993年，国务院颁布了《国家公务员暂行条例》，并于同年10月正式实施，确立了我国公务员制度基本框架。2002年党的十六大明确指出，改革和完善干部人事制度，健全公务员制度，为公务员队伍建设和制度建设指明了方向。2005年，第十届全国人大常委会第十五次会议审议通过了《中华人民共和国公务员法》（以下简称《公务员法》），并于2006年起生效实施，标志着我国公务员制度的正式产生。2018年，第十三届全国人民代表大会常务委员会第七次会议对其进行了修订，自2019年起施行。我国公共部门人力资源管理的法制化、规范化和科学化进程稳步推进。

1.2.3 现代人力资源管理与传统人力资源管理的区别

现代公共部门人力资源管理是从传统人事管理学科发展而来的。人事是指在用人治事的过程中发生的人与人、人与组织、人与事（工作）之间的相互关系；所谓人事管理，就是对人事关系的管理，其目的在于使人与事、共事的人与人之间实现最佳的关联，并有效地实现组织目标。人事管理的全部内容都围绕人与事的关系展开和进行，力求最终实现事得其人、人尽其才、才尽其用、人事相宜。

20世纪末以来，随着全球化、市场化、信息化和科技进步的不断加速，经济社会发展面临种种新问题及新压力，西方各国公共部门纷纷进行了人力资源制度改革。企业人力资源管理模式和具体的管理方式方法在公共部门被广为借鉴和应用。由传统人事管理向现代公共部门人力资源管理转变的过程，既实现了对传统人事管理的超越，又吸取了企业人力资源管理和公共管理等相关领域的新成果，是公共部门人事管理领域的一次革命性转变，并且正在形成一套与传统人事管理理论与实践大相径庭的完整体系。现代公共部门人力资源管理与传统公共部门人事管理的区别见表1-2所列。

表1-2 现代公共部门人力资源管理与传统公共部门人力资源管理的区别

项目	人力资源管理	传统人力资源管理
主体	多元	单一
观念	视员工为有价值的重要资源	视员工为成本负担
目的	满足员工自我发展的需要，保障组织的长远利益实现	保障组织短期目标的完成
模式	以人为中心	以事为中心
视野	广阔、远程性	狭窄、短期性
性质	战略、策略性	战术、业务性
深度	主动、注重开发	被动、注重管理
功能	系统、整合	单一、分散
内容	丰富	简单
地位	决策层	执行层
工作方式	参与、透明	控制
与其他部门的关系	和谐、合作	对立、抵触
本部门与员工的关系	帮助、服务	管理、控制
对待员工的态度	尊重、民主	命令式、独裁式
角色	挑战、变化	例行、记载
部门属性	核心部门	非核心部门

表1-2中对人力资源管理和传统人事管理的对比分析旨在彰显两者之间的差异，但这种分析如果简单套用于实践会犯片面性和简单化错误，所以实际应用中必须坚持实事求是和综合分析的原则。

1.2.4 我国公共部门人力资源改革

1.2.4.1 我国公务员制度的改革

我国公务员制度在继承和发扬了中国共产党和国家干部人事工作的优良传统的基础上，总结吸收了近几十年来干部人事制度改革的经验，同时借鉴了外国公务员制度中一些有益的科学管理办法。它的建立经历了一段漫长而曲折的历程。

自 2006 年起施行的《中华人民共和国公务员法》标志着我国公务员制度通过国家立法形式正式确立。随后，又陆续颁布了近 20 部相关配套规范性文件，涉及现代公务员制度的大多数内容，如录用、考核、调任、培训、回避、申诉、公开遴选、职务任免与升降、职务与职级并行等。2018 年，为了完善公务员管理的法律制度，《中华人民共和国公务员法（修订草案）》提请全国人大常委会审议，11 月面向社会征求意见。同时，中国共产党还先后制定了一系列党内法规及其他意见、通知等，涵盖了包括政绩考核、选拔任用、教育培训、廉洁自律、纪律处分、问责监督、后备干部、队伍建设、人才工作等在内的多个方面，这不仅是我国对西方公务员制度积极方面的参考借鉴，更是鲜明的中国特色的展现。2013 年 11 月，党的十八届三中全会审议通过了《中共中央关于全面深化改革若干重大问题的决定》，提出应建立完善满足全面深化改革需要有力的组织保证和人才支撑，这也标志着公务员制度进入日渐完善的新阶段。

虽然我国公务员制度建设已取得了一定的成绩，但这仅仅意味着公务员制度进入一个新的发展阶段而已。《2010—2020 年深化干部人事制度改革规划纲要》提出，党政干部制度改革重点突破项目是：规范干部选拔任用提名制度，健全促进科学发展的党政领导班子和领导干部考核评价机制，推行差额选拔干部制度，加大竞争性选拔干部工作力度，逐步扩大基层党组织领导班子成员公推直选范围，坚持和完善从基层一线选拔干部制度，建立健全干部职务与职级并行制度，健全调整不适宜担任现职干部制度，探索建立拟提拔干部廉政报告制度，深入整治用人上的不正之风，实行干部工作信息公开制度；并在上述重点突破项目的带动下，逐步健全干部选拔任用、考核评价、管理监督和激励保障机制，整体推进党政干部制度改革。《中共中央关于全面深化改革若干重大问题的决定》提出，全面深化改革，需要有力的组织保证和人才支撑，因此要坚持党管干部原则，深化干部人事制度改革。因此，我国公务员制度持续发展、不断完善的空间和动力是巨大的。

1.2.4.2 我国事业单位人事制度的改革

事业单位是我国宪法规定的六大类组织之一，也是《中华人民共和国民法通则》规定的四类法人之一，以及《中华人民共和国民法总则》规定的非营利法人之一。

从 1987 年开始，事业单位人事制度的改革已完成了以下 4 个阶段，即改革的初步探索阶段（1978—1987 年）、改革的逐步推进阶段（1987—1993 年）、改革的深入探索阶段（1993—1998 年）、改革的加快推进阶段（1998—2010 年）。2011 年以来是改革的攻坚阶段。1995 年，全国事业单位机构和人事制度改革会议正式启动了事业单位人事制度改革工作；2000 年，中共中央先后印发了《深化干部人事制度改革纲要》《加快推进事业单位人事制度改革的意见》两份文件，对事业单位人事制度改革提出了总体思路，即逐步建立适应不同类型事业单位特点的人事管理制度，建立一套适合科学、教育、文化、卫生等各类事业单位特点，符合专业技术人员、管理人员和工勤人员各自岗位要求的具体管理制度。

近年来的改革进程和内容主要是：2009 年，中共中央办公厅（下称中办）印发了《2010—2020 年深化干部人事制度改革规划纲要》，对深化事业单位人事制度改革作了明确部署。2010 年，中共中央印发了《国家中长期人才发展规划纲要（2010—2020 年）》，在体制机制创新中，对事业单位人事制度改革工作提出了明确要求。2011 年 3 月，《中共中央、国务院关于分类推进事业单位改革的指导意见》发布；2011年，国务院办公厅（下称国办）又印发了《关于事业单位分类的意见》等9份配套文件。2011年，中办、国办印发《关于进一步深化事业单位人事制度改革的意见》。2011年，国务院法制办就《事业单位人事管理条例（征求意见稿）》公开征求意见，并于2014年正式颁布《事业单位人事管理条例》（于2014年7月1日起施行）。2012年，为认真贯彻落实《中共中央、国务院关于分类推进事业单位改革的指导意见》和相关配套文件精神，扎实做好事业单位人事制度、收入分配制度、养老保险制度改革工作，人社部发布了《关于认真贯彻落实分类推进事业单位改革有关文件精神的通知》。截至2012年年底，事业单位新进人员公开招聘工作已经在全国范围内基本实现全覆盖，初步建立了公开、竞争、择优选拔新进人员的制度框架。

党的十八大报告指出要推进事业单位人事制度改革。《中共中央关于全面深化改革若干重大问题的决定》指出加快事业单位分类改革，加大政府购买公共服务力度，推动公办事业单位与主管部门理顺关系和去行政化，创造条件，逐步取消学校、科研院所、医院等单位的行政级别；建立事业单位法人治理结构，推进有条件的事业单位转为企业或社会组织；建立各类事业单位统一登记管理制度；加快社会事业改革，努力为社会提供多样化服务，如深化教育领域综合改革、健全促进就业创业体制机制、建立更加公平可持续的社会保障制度、深化医药卫生体制改革等。2015年，国务院印发《关于机关事业单位工作人员养老保险制度改革的决定》，决定从2014年起对机关事业单位工作人员养老保险制度进行改革。

2015年，北京市结合本市实际，就创新事业单位管理，印发《关于创新事业单位管理加快分类推进事业单位改革的意见》，提出创新事业单位机构编制管理、创新公益服务提供方式、创新公益类事业单位用人机制；深圳市也发布了深化公立医院综合改革实施方案，不再实行编制管理，取消行政级别。

2016年，中央深改组会议审议通过了《关于开展承担行政职能事业单位改革试点的指导意见》；中央深改组会议又审议通过了《关于从事生产经营活动事业单位改革的指导意见》。

2017年，人力资源和社会保障部等公布了《关于开展公立医院薪酬制度改革试点工作的指导意见》，统筹考虑编制内外人员薪酬待遇，推动公立医院编制内外人员同岗同薪同待遇；同月国务院印发的《国家教育事业发展"十三五"规划》提出，加快推进县域内城乡义务教育学校教师编制标准统一，推动地方实行城乡统一的中小学教职工编制标准，对村小学和教学点采取生师比和班师比相结合的方式核定教职工编制。

2018年，《中共中央关于深化党和国家机构改革的决定》提出全面推进承担行政职能的事业单位改革，理顺政事关系，实现政事分开，不再设立承担行政职能的事业单位。加大从事经营活动事业单位改革力度，推进事企分开。区分情况实施公益类事业单位改革，面向社会提供公益服务的事业单位，理顺同主管部门的关系，逐步推进管办分离，强化公益属性，破除逐利机制；主要为机关提供支持保障的事业单位，优化职能和人员结构，同机关统筹管理。全面加强事业单位党的建设，完善事业单位党的领导体制和工作机制。

《事业单位人事管理条例》的公布实施，不仅为深化事业单位人事制度改革提供了法治框架，为建立集聚人才体制机制营造了法治环境，也为深化事业单位改革提供了动力。它既是针对近年来事业单位人事管理制度初步建立后仍然存在的问题提出的"治疗"方案，也是今后深化事业单位人事制度的基本指导性文件。作为我国第一部系统规范事业单位人事管理制度的行政法规,《事业单位人事管理条例》立法初衷是将多年来初步建立的以聘用制度、岗位管理制度和公开招聘制度为主要内容的人事管理制度以法律形式予以确认,并对聘用合同的订立、履行、解除、终止等环节作出规定,同时健全奖惩等激励保障机制,明确人事争议处理依据。立法着眼于调动事业单位各类专门人才和广大职工的积极性,优化公益事业资源的配置和促进基本公共服务均等化,促进事业单位服务功能的充分发挥和社会事业发展。但要说明的是,许多国家都将类似于我国事业单位的诸如公立的科学、教育、文化、卫生等机构视为一种特殊类型的行政组织,并将其工作人员纳入政府雇员,实行与公务员统一的管理制度。而我国则借鉴企业管理制度,实行与公务员不同的人事制度,这使得我国也成为在世界范围内率先对公共服务机构人事管理进行专门规定的国家。2015年,中办印发《事业单位领导人员管理暂行规定》,指出要任用事业单位领导人员,区别不同情况实行选任制、委任制、聘任制。对行政领导人员,逐步加大聘任制推行力度,以进一步转换用人机制,搞活用人制度。

事业单位人事制度改革持续几十年,取得了一定的成绩,一是聘用制度推行面不断扩大。2014年达93%。二是岗位设置管理制度实施工作全面推开,各地区和部门正在加快制度入轨。全国事业单位岗位设置完成率超过95%。三是公开招聘制度稳步实施。截至2014年,事业单位公开招聘制度推行率达到91%。四是事业单位人事管理法规建设步伐加快。特别是以聘用制度、岗位管理制度和公开招聘制度为主要内容的人事管理制度初步建立。但是,相对于企业和机关的改革,事业单位人事制度改革是严重滞后的;相对于事业单位的发展和社会要求来说,事业单位人事制度改革远远难以满足需要,至今未取得实质性的突破,与预期目标还有一定差距,极大地制约了我国科教文卫事业的发展。2005年世界银行的专题研究报告《中国:深化事业单位改革,改善公共服务提供》指出:中国需要在重新界定政府在服务提供中的职能的基础上,进行深入的事业单位改革;全面改革事业单位势在必行。事业单位人事制度的改革不仅是事业单位改革的一个有机组成部分,而且涉及政府职能转变、政事分开、政府与市场中介组织分开、社会保障体系的建立等,事业单位人事制度必须加快改革。

1.2.4.3 我国公益类国有企业人事制度的改革

我国公益类国有企业人事制度改革,与营利类国有企业一样,都是伴随着国有企业改革和干部人事制度改革逐步推进的,主要经历了以下3个阶段。

(1)初步探索阶段(1984—1998年)

该阶段主要在国有企业扩权让利的背景下,集中于扩大企业自主权,强化企业内部管理,重要举措是实行厂长(经理)责任制,并在大多数国有企业实行承包经营责任制。1993年,党的十四届三中全会通过的《中共中央关于建立社会主义市场经济体制若干问题的决定》明确指出,国有企业的改革方向是建立"适应市场经济和社会化大生产要求的、产权清晰、权责明确、政企分开和管理科学"的现代企业制度,要求通过建立现代企业制度,使企业成为自主经营、自负盈亏、自我发展、自我约束的法人实体和市场竞争主体。在社会主义市场经济体制框架下建立现代企业制度是国企改革实践的重大突破,具有划时代的意义,为国企改革指明了方向,也为国企人事制度改革提出要求。

(2)持续推进阶段(1999—2008年)

1999年,党的第十五届四中全会通过的《中共中央关于国有企业改革和发展若干重大问题的决定》指出：要深化国有企业人事制度改革。2000 年，中央印发了《深化干部人事制度改革纲要》。其中，对国有企业人事制度改革，提出要完善国有企业的领导人员管理体制、改进国有企业领导人员选拔任用方式、完善国有企业领导人员考核办法、健全国有企业领导人员激励机制、强化国有企业领导人员监督约束机制、健全国有企业领导人员培训培养制度、完善国有企业内部用人机制的要求。2003 年，党的十六届三中全会通过的《中共中央关于完善社会主义市场经济体制若干问题的决定》中指出，要"建立健全现代产权制度，产权是所有制的核心和主要内容，包括物权、债权和知识产权等各类财产权"。第一次把产权制度提到如此的高度，提出"产权是所有制的核心和主要内容"，是对"产权清晰、权责明确、政企分开、管理科学"的现代企业制度的重大创新和历史突破，进一步明确具体了国企改革的任务和目标，推动国有企业人事制度改革。

（3）深入探索阶段（2009 年至今）

该阶段的主要标志为：① 2009 年，党的十七届四中全会指出，"加强干部队伍宏观管理，深化干部分类管理改革，完善公务员制度，推进企事业单位人事制度改革，制定符合企事业单位特点的人事管理办法"。② 2009 年，中办印发《2010—2020 年深化干部人事制度改革规划纲要》，指出要进一步深化国有企业人事制度改革。2010 年发布的《国家中长期人才发展规划纲要（2010—2020）》中指出，要遵循放开搞活、分类指导和科学规范的原则，深化国有企业人事制度改革，创新管理体制，转换用人机制，扩大和落实单位用人自主权。发挥用人单位在人才培养、吸引和使用中的主体作用。③党的十八大报告指出，要推进国有企业人事制度改革。④《中共中央关于全面深化改革若干重大问题的决定》指出，"推动国有企业完善现代企业制度""准确界定不同国有企业功能""国有企业要合理增加市场化选聘比例，合理确定并严格规范国有企业管理人员薪酬水平、职务待遇、职务消费、业务消费"。⑤ 2015 年国务院印发的《关于深化国有企业改革的指导意见》指出，要推进公司制股份制改革，健全公司法人治理结构，建立企业领导人员分类分层管理制度，实行与社会主义市场经济相适应的企业薪酬分配制度，深化企业内部用人制度改革"，指明了下一步国有企业人事制度改革的方向和目标。

1.3 公共部门人力资源管理的理论基础

1.3.1 人性假设理论

管理有哲学基础，对人性的认识或假设，是管理学尤其是管理方式研究的哲学基础。事实上，管理者采取的方式和方法取决于管理者对人性的假设，不同的"人性假设"会导致不同的管理方法。对人性的理解一直是管理科学发展的一条主线，随着人们对人性认识的加深，管理科学和管理方法也在不断向前发展。

总结起来，主要有如下几种人性假设及与之相适应的管理方式。

1.3.1.1 "经济人"假设

"经济人"假设的主要观点是把人当作"经济动物"来看待，认为人的一切行为都是为了最大限度满足自己的利益，工作目的只是为了获得经济报酬。代表人物：亚当·斯密、泰勒、麦格雷戈。

"经济人"假设，起源于享乐主义哲学和英国经济学家亚当·斯密关于劳动交换的经济理论。他认为：人的本性是懒惰的，必须加以鞭策；人的行为动机源于经济和权力维持员工的效力和服从。

泰勒是"经济人"观点的典型代表，他主张把管理者与生产工人严格分开，反对工人参加企业管理。

麦格雷戈在1960年《企业中的人性方面》一书中提出了著名的X、Y理论，其中X理论就是对"经济人"假设的概括。

X理论假设认为，一般人的本性是懒惰的，工作越少越好，可能的话会逃避工作。大部分人对集体（公司、机构、单位或组织等）的目标不关心，因此管理者需要以强迫、威胁处罚、指导、金钱利益等诱因激发人们的工作源动力。一般人缺少进取心，只有在指导下才愿意接受工作，因此管理者需要对他们施加压力。持X理论的管理者会趋向于设定严格的规章制度，以减低员工对工作的消极性。

1.3.1.2 "社会人"假设

"社会人"假设的主要观点是人具有社会性的需求，人与人之间的关系和组织的归属感比经济报酬更能激励人的行为。代表人物：梅奥。

梅奥凭借著名的霍桑试验建立了人际关系学说，并以此为理论基础提出了"社会人"假设。霍桑试验得出以下结论：①职工是"社会人"；②企业中存在着"非正式组织"；③新型的领导能力在于提高职工的满意度。霍桑试验对古典管理理论进行了大胆地突破，第一次把管理研究的重点从工作和物的因素上转移到人的因素上，不仅在理论上对古典管理理论作了开辟和补充，还为现代行为科学理论奠定了基础，而且对管理实践产生深远影响。

1.3.1.3 "自我实现人"假设

"自我实现人"假设的主要观点是人有好逸恶劳的天性，人的潜力要充分挖掘，才能得以发挥，人才能感受到最大的满足。代表人物：马斯洛、麦格雷戈。

马斯洛认为，人的需要由生理的需要、安全的需要、归属与爱的需要、尊重的需要、自我实现的需要5个等级构成。

麦格雷戈总结了马斯洛等人的类似观点，结合管理问题，提出了Y理论，Y理论（自我实现人）与X理论是根本对立的（1960）。Y理论假设认为，人们在工作上体力和脑力的投入就跟在娱乐和休闲上的投入一样，工作是很自然的事——大部分人并不抗拒工作。即使没有外界的压力和处罚的威胁，他们一样会努力工作以期达到目的——人们具有自我调节和自我监督的能力。人们愿意为集体的目标而努力，在工作上会尽最大的努力，以发挥创造力、才智。人们希望在工作上获得认同感，会自觉遵守规定。在适当的条件下，人们不仅愿意接受工作上的责任，并会寻求更大的责任。许多人具有相当高的创新能力去解决问题。在大多数的机构里面，人们的才智并没有充分发挥。持Y理论的管理者主张用人性激发管理，使个人目标和组织目标一致，会趋向于对员工授予更大的权力，让员工有更大的发挥机会，以激发员工对工作的积极性。

1.3.1.4 "复杂人"假设

"复杂人"假设的主要观点是无论"经济人""社会人"，还是"自我实现人"的假设，虽然各有其合理性的一面，但并不适用于一切人。代表人物：沙因、莫尔斯、洛斯奇。

"复杂人"假设是20世纪60年代末至70年代初由沙因提出，与之相应的是超Y理论，即1970年由美国管理心理学家约翰·莫尔斯和杰伊·洛希根据"复杂人"的假定，提出的一种新的管理理论。

超Y理论是一种在组织管理中更具当代特色的学说。它是有关"权变学说"的别称。所谓权变学说是指组织对环境的变化而产生的适应性变化。超Y理论认为，没有什么一成不变的、普遍适用的最佳的管理方式，必须根据组织内外环境自变量和管理思想及管理技术等因变量之间的函数关系，灵活地采取相应的管理措施，管理方式要适合工作性质、成员素质等。超Y理论在对X理论和Y理论进行试验分析比较后，提出一种既结合X理论和Y理论，又不同于X理论和Y理论，是一种主张权宜应变的经营管理理论。实质上是要求将工作、组织、个人、环境等因素作最佳的配合。

1.3.1.5 "观念人"假设

"观念人"假设的主要观点是人的行为受其观念的巨大影响。代表人物：马克思、恩格斯。

"观念人"假设认为，理想、信念、价值观、道德观对人力资源开发与管理是十分重要的。人具有自然属性、社会属性和思维属性。人的本质并不是单个人所固有的抽象物。在其现实性上，它是一切社会关系的总和。"观念人"假设从自然、社会、思维3个维度来揭示人的本质，与其他人性假说相比，其认识更加系统、全面、准确和深刻，生产力的现代发展更充分证明了其假设的正确性和合理性。

1.3.1.6 人性假设的应用

从人性假设理论的发展路径来看，管理领域对人性的认识明显呈现出多维化、社会化和复杂化的趋势，人力资源管理也越来越多地从关注个体转向关注总体，从关注经济转向关注文化等。更为重要的是，这些人性假设理论不仅有助于对人力资源进行质的认识，而且当前还能通过人力资源素质测评等心理学技术手段加以量化，以指导管理实践。如可以通过经济性、社会性和文化性这3个坐标，通过设计相应的测评方法对不同的人形成不同级别的评价得分结果（如1~10级），最后通过雷达图等方式表示出来，从而对人力资源诊断和组织架构重组等环节起到支撑作用。

1.3.2 人力资本理论

从配第（W.Petty）、史密斯（A.Smith）、萨伊（Jean-Baptiste Say）到马歇尔（A.Marshall）等古典经济学家们都对人力资本理论的发展起到了重要作用，但现代人力资本理论最终形成于20世纪60年代初。一是舒尔茨（W.Schults）结合经济成长问题的分析，明确提出了人力资本的概念，并阐述了人力资本投资的内容及其对经济增长的重要作用。二是明塞尔（J.Mincer）在对有关收入分配和对劳动市场行为等问题研究时，提出了人力资本的方法。三是贝克尔（G.Becker）从其关于人类行为一切均可从经济学分析的观点出发，将新古典经济学的基本工具应用于人力资本投资分析，并提出了一套较为系统化的人力资本理论。

1.3.2.1 人力资本的含义

对人力资本的理解可以大致归为以下几类：①认同舒尔茨的定义。绝大部分学者都接受了舒尔茨的人力资本定义，即人力资本是体现在人身上的知识、能力与健康。经济合作和发展组织的研究展现了对人力资本的全面定义，即"人力资本是个人所拥有的那些能够促进个人创造社会和经济福利的知识、技能与能力"。②把人力资本看成一种投资或投资的产物。③把人力资本分为若干等次或层次。④从个体和群体角度分析人力资本。⑤把人力资本看成资本的一种。⑥把人力资本分为同质性人力资本与异质性人力资本。⑦把人力资本看成基于个人投资而形成的改善心智和体质、增强能力的价值总和。

我们认为，人力资本是经过长期性投资形成的体现于劳动者身上，由智力、知识、技能、个性、学习力、健康状况等构成的资本。可从以下几个方面理解。

①人力资本是有别于物质资本的一种资本，是经过长期性投资形成的，它与物质资本同样具有资本的共性。

②人力资本是体现于劳动者身上的，由劳动者在劳动过程中表现出来的智力、知识、经验、技能、内驱力、学习力、创造性、个性品质和健康状况等构成。

③人力资本作为生产活动的投入要素，在再生产的过程中能够不断增值，具有再生性、主动性和增值性。

④一个组织成员对组织的附加价值越高，越不容易在劳动力市场上找到替代者，其人力资本就越高。

⑤可以把人力资本分为个体人力资本与组织人力资本，或者是承载于个人身上的人力资本进入组织以后产生人力资本的另一种形式——组织人力资本，这是由组织中个体人力资本之间的合作产生的，具体表现为一个组织的文化传统、思维方式、意识形态、制度规范、道德习俗等。

作为人力资本研究的两个层次，组织人力资本与个体人力资本具有共同点，它们都是以知识、技能、智能等为基础，属于人力资本研究的范畴。但二者也存在差别：①层次不同，组织人力资本是一种依赖于个体人力资本但又超越个体人力资本的资本形态；②形成的要素不同；③创造力不同；④与组织的关联度不同。而且，实现从个体人力资本到组织人力资本的转变具有重要的现实意义，实际上也只有将知识工作者个体的人力资本转移到组织体系、制度和文化中，为组织所拥有，成为非人格化的组织人力资本，才能尽可能地减少组织对单个知识工作者的依赖。在此过程中，组织学习是实现个体人力资本向组织人力资本转化的关键。

1.3.2.2 人力资源与人力资本的关系

人们对人力资源与人力资本之间关系的认识争议也很大，代表性的观点有：①不加区别，将人力资本与人力资源混为一谈，只要涉及人力资源必称人力资本，或同一文章中，一会儿用人力资源，一会儿用人力资本，这是最普遍的。有的认为人力资本是更侧重于经济学领域的表达。②人力资本仅指企业中少数具有特殊能力的人，即核心技术人员和企业家，是人力资源中质量较高的部分。③把人力资本看成人力资源的终结，认为人力资源可以通过投资发展形成人力资本。④人力资源、人力资本与人力资产只是概念角度的不同，实际内容一样。⑤人力资本是人力资源的市场化和资本化，劳动力进入市场成为商品就成为人力资本，即马克思所说的可变资本。⑥人力资本不同于可变资本，更不用于人力资源，它具有剩余索取权。⑦人力资本强调了人力的主体性方面，人力资源强调了人力的客体性方面，二者从不同角度探讨人力问题。⑧二者在能力这一点上具有相似性，但内涵和本质有明显区别。人力资本是针对经济增值、经济贡献与收益分配来说的，而人力资源是针对经济管理、经济运营来说的；人力资本是一个反映价值量的概念，而人力资源是一种概括性的范畴。

人力资本指的是劳动者的知识、智能、技能所构成的资本。受过教育和培训的人都具有一定的知识、技能，他们参加生产劳动会创造价值，也能带来收益，这些知识技能就是人力资本，不局限于那些核心技术人员和企业家等高级人才。舒尔茨提出人力资本的概念，是因为发现劳动者质量的提高带来了经济的巨大发展，显然这不仅是那些拥有"特殊能力"的人所创造的奇迹，而是因为整个社会中所有劳动者劳动能力的提高都是人力资本投资的结果。投资人力资源是为了开发潜在的人力资源，当然最终能形成人力资本，但这并不是人力资源的终结，人力资源仍旧是人力资源，是提高了自身质量的人力资源，是具有知识、技能和智能的人力资源，这些知识、技能和智能只有在生产活动中才能体现出其构成人力资本的特性。因此，人力资源与人力资本之间是既有联系又有区别的，具体而言：首先，人力资源是具有体力劳动和脑力劳动能力的人的总和，人力资本是由劳动者的知识、智能和技能构成的资本。人力资源强调的是"人"，人力资本强调的是"能力"。其次，人力资源与人力资本在逻辑上是有联系的，但形成的前后顺序有区别。人力资源是人力资本的载体，人力资源先于人力资本存在。但并非所有的人力资源都可成为人力资本的载体。那些潜在的人力资源，没有参加生产劳动就不能说它是人力资本的载体。人力资源的质量也有高低层级之分，其划分的依据就是人力资本所能形成的价值增值的高低。同时，人力资本也是不断提高的。最后，资源要体现其生产性，资本要体现其增值性。最后，人力资源的管理水平制约着人力资本的效用。

综上所述，人力资源与人力资本是两个范畴不同的概念，人力资源是把人看成一种资源投入生产过程中，人力资本是把人的能力当作一种资本投入生产过程中。二者之间通过投资和劳动联系起来。人力资源通过投资形成人力资本，人力资本可以在对人力资源的长期投资中不断提高；潜在的人力资源依靠参加劳动生产，转变成现实的人力资源，使自身的知识、智能和技能真正转变成人力资本；而人力资本又依赖人力资源这个载体，在生产过程中体现其资本的本质特征。所以，"为了生产我们向往的东西，必须使用人力资源"。

1.3.2.3 舒尔茨人力资本理论的主要内容

①资本既包含物质资本，也包含人力资本　资本有两种形式，一种是体现在产品上的物质资本，另一种是人力资本。舒尔茨强调不应过分看重物质资本的作用。

②人力资本对经济增长起着重要作用　舒尔茨认为，人力资本的增长比物质资本的增长要快，因此国民收入的增长比物质资源的增长要快，这正表明了人力资本对经济增长的作用。随着经济增长和现代化的推进，人力资本的作用将越来越重要。舒尔茨注意到传统增长理论中收益递减规律的失灵。据舒尔茨的计算，在1929—1957年教育投资对美国经济增长的贡献率已达33%。

③人力资本投资的内容或范围　舒尔茨认为，人力资本包括用以形成和完善劳动力的各种投资，具体包括5个方面：a.医疗和保健的支出。这种投资用于延长人的寿命，增强人的体力、精力和耐力，保证人有旺盛的生命力从事工作。b.用于培训在职人员的教育

支出，包括企业采用的学徒制，旨在提高劳动者的劳动熟练程度和知识技能。c.用于正规的学校教育支出，包括初等教育、中等教育和高等教育。d.用于社会培训项目的支出，例如，技术推广的培训、掌握多种技能的培训等。e.用于人力资源迁移的支出，包括国内劳动力流动和用于移民入境的支出。尤其是争取专门人才的移民，将大大节省本国的人力资本投资费用。大体概括舒尔茨人力资本投资的内涵，既包括一个人在就业前，从婴幼儿时开始的医疗保健与教育费用，又包括他在就业后保持健康与继续接受教育培训的费用。因此，人力资本投资与一国的人口增长与就业发展关系极为密切。

④教育投资是人力资本投资的主要部分。

⑤提出人力资本的投资标准。人力资本的未来收益包括个人的预期收益和社会的预期收益，要大于它的成本，即大于对人力资本的投资。如教育投资收益率，舒尔茨认为原则上同物质资本的投资收益率测算相同，即收益率 = 预期收益 / 成本。

⑥人力资本投资增长水平决定人类经济和社会发展的未来。他认为"知识和技能大半是投资的产物，而这种产物加上其他人力投资便是技术先进国家在生产力方面占优势的主要原因"。离开人力资本的投资，要取得现代农业的成果和达到现代工业的富足程度是完全不可能的。

⑦摆脱一国贫困状况的关键是致力于人力资本投资，提高人口质量。改进穷人福利的关键因素不是空间、能源和耕地，而是提高人口质量，提高知识水平。

1.3.3 人本理论

以人为本的理论源远流长，古今中外有关这方面的论述比比皆是。然而对当代中国公共部门人力资源管理与开发具有直接指导价值的，是科学发展观中所提出的以人为本理论。科学发展观中的以人为本思想继承了古今中外各种有关以人为本理论内涵的精华，而且还体现了当代社会的特点。

众所周知，以人为本的理念并不是科学发展观首倡的，早在文艺复兴时期新兴的资产阶级就提出了人本主义的思想，其后在资本主义企业经营中也提出了以人为本的经营理念，而个人主义者更是把以人为本的口号作为自己为所欲为的理论支撑。那么科学发展观中的以人为本同上述这些以人为本，究竟有哪些区别呢？我们只有认清它们之间的区别，才能真正理解其本质和内涵，才能在实践中毫不偏离地加以贯彻实施。

1.3.3.1 科学发展观中的"以人为本"与文艺复兴时期的"人本主义"的区别

早在文艺复兴时期，资产阶级思想家就提出了"人本主义"的观点。人本主义是新兴资产阶级为冲破封建僧侣主义的束缚而树起的一面人性觉醒的理论旗帜。人本主义主张人的肉体是健美的，欲望是合理的，世俗生活是美好的。正是在这面理论旗帜的指引下，文艺复兴时代的理论家和艺术家创造出大量的以人本主义为主旋律的作品。这些作品通过各种艺术形式歌颂现实，赞美人生。应该说，资产阶级的人本主义在欧洲中世纪历史上曾产生了巨大的进步作用，因为它催生了一个社会——资本主义社会。

但是文艺复兴时期提出的人本主义，最终并没有把人放在根本的地位上。"以人为本"的理论则来自于马克思主义的历史唯物论的观点，即"历史是人民群众自己创造"的，人民是国家和社会的主人。显而易见，科学发展观中的"以人为本"同资产阶级的人本主义，两者之间是不可同日而语的。因为科学发展观所强调的"以人为本"，不是为了用人权取代神权，用人性取代神性，而是充分肯定了人民群众的伟大作用和历史地位。可见科学发展观中的"以人为本"，是彻底的"以人为本"，在任何问题上都把人放在了根本地位上。

1.3.3.2 科学发展观中的"以人为本"与企业经营中"以人为本"的区别

企业经营中的人本管理思想是随着哲学人性观的日益演进和管理理论的不断发展而逐步产生和发展起来的，它形成于20世纪六七十年代，并带来了现代管理理念的革命。

近年来，资本主义企业经营中一直在倡导以人为本的经营理念。改革开放后，进入我国的外资企业也宣传这一经营理念。作为企业经营理念的"以人为本"，就是主张：企业的经营管理活动，要以企业的全体员工为根本；企业在面对市场时，要以顾客为根本。应该说，在层出不穷的各种经营理念中，"以人为本"的经营理念，是对企业员工和顾客最尊重和重视的符合时代发展需要的经营理念。但是，就企业经营而言，与其相关的任何一种理念归根结底都是为了实现企业获取最大的利润。说到底，企业中所倡导的"以人为本"，只是一种手段，而不是目的。企业经营的最终目的还是"以钱为本"。这实质上不过是货币拜物教的一种更直接的说法而已。

科学发展观中的"以人为本"，则真正是强调以人为根本，它不是一种手段，而是以人的全面自由发展为目的。具体地说，就是在经济发展的基础上，不断提高人民群众物质文化生活水平和健康水平；就是要尊重和保障人权，包括公民的政治、经济、文化权利；就是要不断提高人们的思想道德素质、科学文化素质和健康素质；就是要创造人们平等发展、充分发挥聪明才智的社会环境。

1.3.3.3 科学发展观中的"以人为本"与个人主义者的"以人为本"的区别

个人主义者也主张"以人为本"的理念。但它主张的"以人为本"说到底就是以"个人"为本，以"我"为本。科学发展观中的"以人为本"同个人主义者的"以人为本"之间也存在着泾渭分明的界限。两者所出现的这种本质性的区别，主要产生于对"人"的不同理解上。

科学发展观中的"以人为本"的"人"，就其范畴而言，十分广泛。它实际包括了两个层面：社会的层面和自然的层面。就社会层面而言，这里所说的"以人为本"的"人"，同通常所说的"以民为本"的"民"是一致的，即指"人民"。而当今我国人民的范畴已经相当广泛。就自然层面而言，科学发展观中的"以人为本"的"人"是相对于物、相对于环境的。这里的"人"已超过了以往我们所说的"以民为本"的范畴，或者说超过了人民的范畴。它包括了所有的人，也就是全人类。而人民的范畴，尽管随着人类社会的进步在不断扩大，但它毕竟还不能包括所有的人。科学发展观所说的统筹人与自然的和谐发展中的"人"，正是从整个人类利益的角度、从造福子孙后代的角度来处理人与自然的关系，来追求天人和谐的关系。

个人主义者总是把"以人为本"的"人"理解为"自己"。也就是说，个人主义者考虑问题、处理问题的出发点是看是否适合自己的需要，符合自己需要的就做，不符合的就不做。说到底，个人主义者的以人为本，实质上就是自我中心主义。其实在任何一个社会中，自我中心主义都是行不通的。尤其在现代社会，每一项发展和进步，都离不开人与人之间的相互理解与支持，都需要团队精神，需要人与人之间关系的和谐。如若不然，每个人都各行其是，甚至是恣意妄为，那么整个社会、整个国家就会陷入一片混乱，个人主义者所追求的个人利益也难以实现。

【本章小结】

本章主要论述公共部门人力资源管理的内涵、特征、目标，公共部门人力资源管理的演进及发展历程以及公共部门人力资源管理的理论基础等内容。

公共部门人力资源管理是以国家行政组织为主要对象，依据法律规定对其所属人力资源进行规划、录用、使用、薪酬等管理活动和过程的总和；公共部门人力资源管理的基本特征包括公共性、政治性、政策性、复杂性和稳定性；公共部门人力资源管理的目标主要包括：公共部门的人力资源是促进公共生产力发展的第一要素，推进公共部门的变革与创新，创造适于人才开发与成长的组织环境；公共部门人力资源管理的演进及发展历程对当前我国的人事制度和管理制度改革提供了有益的启迪和借鉴；公务员制度一方面吸收了西方公务员制度的经验，另一方面为了适应中国独特的国情形成了具有中国特色的公务员制度；现代人力资源管理与传统人力资源管理有着本质的不同，现代人力资源管理是对传统人力资源管理的继承和发展；我国公共部门人力资源改革，既体现了公共部门改革倡导的价值和理念，又反映了改革进程中的内在冲突，我们必须在当代背景下理解人力资源改革的意义，把握好未来发展的趋势；人性假设理论、人力资本理论、人本理论为公共部门人力资源管理提供了理论基础，这些理论不仅有助于对人力资源进行质的认识，而且当前还能通过人力资源素质测评等心理学技术手段加以量化，以指导管理实践。本章旨在引导学习者能够正确、全面地掌握公共部门人力资源的基本知识。

【关键术语】

人力资源管理　公共部门　传统人力资源管理　公务员制度　公共部门人力资源改革　人性假设　人力资本　人本理论

【复习思考题】

1. 简述人力资源的概念及其表现的性质。
2. 简述公共部门人力资源的目标。
3. 简述现代人力资源管理与传统人力资源管理的异同。
4. 简述国家公务员制度发展中的重要改革。
5. 简述公共部门人力资源管理的理论基础。

第 2 章 公共部门战略性人力资源管理

2.1 公共部门环境与战略

　　战略问题是现代西方管理理论中经常遇到的基本概念。它是指当前状况与理想状态之间的距离或差距。战略管理的重要功能之一是鼓励人们充分了解组织的现状，思考组织的主要问题并列出组织必须解决的问题。人力资源是资源战略的首要环节，因此许多管理学者都将其视为战略管理的核心。改革开放以来，我国以"统一就业、固定工作制度、工资分配"为特征的管理体制，已经成为当代公共部门进行人事管理的主要方式。为了迎合新形势、新常态的发展态势，公共部门对员工的技能要求有所提高，管理层则通过选择、雇佣、教育、保留等多种人员管理形式，力争提高管理绩效，最终实现组织的战略计划。与此同时，区域内的人口流动变迁、具有多重身份的相关利益者及员工自身的需求变化等，都对公共部门的人力资源管理提出了更高的要求。公共部门中，最重要的是对人的管理，即公共部门人力资源管理。人力资源是组织发展和战略实施的核心要素，主要包括管理战术和管理战略。公共部门的人力资源管理战术会影响组织的发展方式，也会对组织提供的服务及产品质量产生影响。公共部门的服务和产品都是由组织内的员工提供的，员工自身的技能以及对员工的管理方式，都会对服务提供及产品的质量产生重要影响。组织的管理战略则会对公共部门的长远发展产生影响。各类公共部门都需要在充分考虑组织战略与人力资源协调性以及内外部各项因素影响的基础上，建立具有可持续发展性的人力资源管理体系，明确管理活动的战略定位，保障组织职能的有效发挥，最终以较高效率实现组织的战略目标及长远发展计划。

　　《中华人民共和国公务员法》（以下简称《公务员法》）是我国干部人事管理的基本法，是公务员管理制度的基础，更是公共部门人力资源战略管理的重要支撑。《公务员法》的首次颁布，是由中华人民共和国第十届全国人民代表大会常务委员会第十五次会议于 2005 年 4 月 27 日通过，自 2006 年 1 月 1 日起施行。后于 2018 年 12 月 29 日，十三届全国人大常委会第七次会议表决通过了《中华人民共和国公务员法（修订草案）》。修订后的《公务员法》不仅体现了习近平新时代中国特色社会主义思想的基本发展要求和实践要求，更是对公共部门人力资源管理制度的完善。这对于进一步完善中国特色的公务员制度，促进公务员管理创新，加强高素质的专业干部队伍建设，具有重要的历史意义。《公务员法》的修订，是以习近平新时代中国特色社会主义思想和新时期党的组织路线为指导，从法律层面完善了中国特色公务员制度，增强了干部管理的原则性及公务员管理的政治性，体现了制度创新对稳步推进改革的重要作用。

　　综上，公共部门的战略性人力资源管理应以习近平新时代中国特色社会主义思想为基本思想指引，以满足当代发展的战略需求为导向，使公共部门的人力资源成为强大的助力，完善公共部门人力资源管理体制，使其成为推动国家长远战略目标实现的重要推手。

2.1.1 公共部门的内外部环境

公共部门进行人力资源管理的首要任务就是对组织的内、外部环境进行评估,即对组织环境进行评估。迈克尔波特将工业机会和威胁(经济和技术)、广泛的社会期望、组织上的优势和劣势以及实施者的个人价值观作为制定战略时应考虑的4个关键因素。本章以此为参照,将影响组织成功的因素分为3类,即政治、法律因素,人口因素,内部环境因素(主要指的是技术因素)。

(1)政治、法律因素

政治因素是影响公共组织的根本因素。西方多党制国家中,不同的执政党有不同的政治观点和治理重点,这就导致公共部门的工作方式及人力资源战略缺乏持续性与连贯性。但在我国,"一党执政,多党参政"的政党制度,在最大程度上保障了公共部门人力资源管理的连贯性与可持续发展性,在宏观层面保证了基本思想与战略目标的一致性。

政府的政策、法规等是影响组织人力资源战略的另一个重要因素。一方面,政府对人力资源管理制定的相关法规、政策直接限制了组织人力资源管理的战略部署,政府职能的转变与制度的逐步完善也会直接影响公共部门职能的转变与调整;另一方面,政府的监管制度和税收制度也会对公共部门的商业范围和业务转向产生间接影响,进而影响人力资源管理的战略部署。

(2)人口因素

在经济社会发展中,人口因素的变化与人力资源管理战略直接相关。人口结构的变化将导致劳动力结构的变化,进而影响人力资源管理的战略部署。在我国当前的人口结构中,影响最大也是较为严重的就是人口老龄化问题。人口老龄化,也称为社会老龄化,反映出60岁以上人口占总人口的比重。据国家统计局2021年数据,截至2021年,我国60岁及以上人口的比例达到18.7%,其中65岁及以上人口比例达到13.5%。虽然人口老龄化反映出我国医疗保障水平的提升,但这也意味着我国人口结构的变化。青壮年劳动力比例下降,老年人口比例上升,仅通过调整退休年龄,很难完全解决由人口老龄化带来的问题。因此,如何在人口老龄化不断发展的趋势下,高效分配人力资源并对人力资源进行有效管理已成为各类公共部门在人力资源管理中亟需解决的重点。除了人口老龄化带来的影响,性别问题也是影响公共部门人力资源管理战略部署的因素之一。《中华人民共和国宪法》规定,男女享有相同的劳动权。各类公共部门在人力资源管理的过程中,都应更注重女性员工的合法、平等权益,将性别平等融入人力资源管理的战略部署中。

(3)技术因素

经济社会的迅速发展,催生了多项技术的变革,为公共部门的长远发展带来了机遇和挑战。这就要求公共部门在对人力资源进行战略部署时,要与时俱进,不断将技术变革融入战略部署中。对于组织而言,技术的进步不仅会对其产品及服务质量产生影响,更会为组织竞争力的提升提供机遇。但是,公共部门也应明确认识到,技术的发展不仅会为部门战略目标的实现带来机遇,同时也会带来挑战。5G时代的到来,使得信息技术已成为各个领域的基础技术,信息安全问题也随之而来。公共部门因其组织独特性及权威性,所拥有的信息量一般都远超其他组织,信息的私密等级也相对较高。因此,保障信息安全也为公共部门战略目标的实现带来了挑战。与此同时，电子政务的不断发展，使得组织对信息技术人才的需求不断增长，进而影响组织内部的人员构成。

2.1.2 公共部门战略的含义

随着工业革命和经济发展，"战略管理"的概念逐渐形成。1965年，安索夫（Ansoff）的《企业战略》出版，成为现代战略管理理论的起点。受新的公共管理理论和私营部门战略管理示范的影响，公共部门战略管理逐渐成为学术界与政治届讨论的热点问题。

从某种意义上说，战略管理是新公共管理的重要组成部分。公共部门的战略管理力求克服传统公共管理的局限性，并努力提高公共部门履行其使命的内部能力，同时关注公共部门内部和外部环境的变化。战略管理必须解决组织的长期目标以及组织角色与环境的匹配，根本问题是组织面对日益增长的未来不确定性的定位，对组织的外部环境，任务和目标作出响应。战略管理具有3个主要特征，即目标的定义，可以协调组织和环境的行动计划的建议以及有效实施方法的设计。因此，战略管理是一种有远见的管理，着眼于长期的整体战略。对组织而言，这是一个发现自身优势和劣势，寻找发展机会并确定威胁的过程。

2.2 公共部门人力资源管理战略

2.2.1 公共部门人力资源战略的概念

公共部门人力资源战略是一个过程，在此过程中，公共部门根据组织的战略目标制订人力资源管理目标，以适应环境变化和管理需求。为了最大化人力资源的收益，制订了人力资源管理目标和组织目标。

公共部门人力资源战略的主要特点是在服务型组织战略的基础上，严格执行人力资源管理战略和公共部门组织战略，改善人力资源管理，培育组织文化，提高积极性、主动性、组织成员的创造力和组织绩效。这不仅满足了公共部门的战略需求，而且还满足了组织成员的个人发展和自我实现的需求。

2.2.2 公共部门人力资源战略与公共部门战略的关系

①公共部门人力资源战略是在组织战略的基础上形成的人力资源管理计划。公共部门战略决定了公共部门的人力资源管理战略。

②公共部门人力资源战略有力地支持了公共部门战略的实现。组织战略通过人力资源战略与人力资源管理的职能活动联系在一起。它的适应性决定了人力资源管理与人力资源战略之间的协调程度。

2.2.3 公共部门人力资源战略的制订

2.2.3.1 战略制订过程

要强调的是人力资源战略是基于不断变化的公司外部条件的需求和组织自身发展的需

求。在制订人力资源战略时，第一，要考虑的是内部和外部环境；第二，人力资源战略的目标更加具体、现实和可操作；第三，人力资源战略是组织长期稳定发展的具体保证。为了实现此目标，必须确保组织成员可以在组织发展过程中获得收益，以便组织成员有机会发展和促进。在制订人力资源战略的过程中，必须将组织成员的期望与发展目标有机地联系在一起。由于缺乏信息和人力资源战略负责人知识水平的限制，对人力资源战略的评估和反馈在现实与理论之间存在差距。在战略管理的背景下，需要根据组织内部和外部环境的变化灵活地调整和修订人力资源战略，以更好地适应当前环境。图2-1显示了制订人力资源策略的过程。

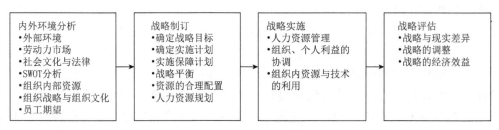

图2-1 人力资源战略制订的流程

（1）内外环境分析

它主要包括外部环境分析、劳动力市场分析、社会文化与法律分析、SWOT分析、组织内部资源分析、组织战略与文化分析以及员工期望分析。

（2）战略制订

首先，必须确定战略性人力资源目标。它基于组织的战略目标、人力资源的状况和发展以及组织成员的期望。确定战略性人力资源目标必须分解为多个部门和个人。应该注意的是：第一，要符合部门和组织成员的条件和能力，不能在不切实际的目标下提出该问题；第二，目标分解任务必须是特定的、可管理的和可实施的；第三，有必要确定人力资源战略的实施计划，如何完成本部分以及何时完成人力资源战略，即人力资源战略分为行动和阶段；第四，实施保障计划，包括政策、资源、管理方法、组织发展、时间和技术等。战略平衡是指人力资源策略与其他策略之间的总体平衡策略。其次，必须以合理的方式分配资源，人力资源计划是人力资源战略实施计划的体现。

（3）实施战略

最重要的任务是人力资源的日常管理，即人力资源战略和人力资源计划的具体实施，对战略和计划实施的监督以及改进管理方法以提高组织满意度和组织绩效。另外，有必要协调组织和个人的利益。如果过分强调集体利益而忽视了个人的期望，对雇员的激励机制将失效；如果过分强调个人利益而忽略了集体利益，那么组织的成本将会损失。

（4）战略评估

这是在战略实施过程中发现战略与现实之间的差异，发现战略的缺点，并随着时间的推移对战略进行调整以使其与战略和组织现实更加一致的过程。在评估策略的同时，应评估人力资源策略的经济利益。人力资源战略的经济效益评价主要是分析投入产出关系。

2.2.3.2 制订战略的方法

（1）目标分解法

根据组织发展战略对人力资源管理的要求，提出了人力资源战略的总体目标，将目标分为部门和个人，形成了每个部门和个人的目标和任务，这一过程，就是目标分解法的实施过程。它的优点是对主要事件和目标的系统、准确和完整的理解，以及预测未来的强大能力。但是它的缺点是战略很容易与现实脱节，组织成员的期望很容易被忽略。这个过程非常烦琐，管理者很难掌握。

（2）目标总结法

这是目标分解的反向过程。首先，部门与组织的每个成员进行讨论并设定个人工作目标。在制订目标时，部门要充分考虑组织成员的期望以及组织对质量、技能和员工绩效的要求，提出工作改进计划和方法，并阐明改进计划和步骤，以实现目标。然后形成部门目标，并由部门目标塑造组织的战略人力资源目标。经验估计和趋势估计方法通常用于确定部门和个人目标。显然，它具有许多主观假设，并且缺乏未来的预测，但是它简单易用，这就是它经常在现实中使用的原因。这种方法的优点是目标和行动计划非常具体，高度可操作并且充分考虑了组织成员的个人期望，但是缺乏对组织整体的考虑，并且预见重要事件和未来的能力很弱。

2.2.4 公共部门人力资源战略实施与评价

不仅要制订好的人力资源战略，而且要充分、有效地实施。表 2-1 反映了执行公共部门人力资源战略的具体要素是期望的统一、组织的建设、能力的发展、绩效的管理等。

表 2-1 执行公共部门人力资源战略的具体要素

目标	明确的	隐含的
使期望一致	使命、愿景、价值观、战略	共同的价值观和期望
组织建设	结构 工作/任务设计、授权 人员配备	非正式关系、信息与影响网络团队协作、合作及竞争 职业期望和计划
能力开发	培训与开发	动机与奉献/持续学习
绩效管理	绩效制度/奖励	以绩效为导向

资料来源：詹姆斯·W 沃克．人力资源战略．中国人民大学出版社，2001。

2.3 公共部门战略性人力资源管理

2.3.1 公共部门战略性人力资源管理的含义

从管理实践的角度来看，不同部门对于日益增加的环境不确定性通常采取不同的应对措施。有些人对环境的反应是前瞻性的，而另一些则是被动的。理论和实践都表明，只有积极主动地应对环境变化，我们才能适应现代人力资源管理的要求。所谓前瞻性回应，是指公共部门及其人力资源管理部门对环境变化敏感，能够预测和捕捉环境因素的变化和发展趋势，并积极采取实际措施应对新情况、新问题。每个公共部门的内部和外部环境决定了其总体战略。不同的公共部门战略具有不同的信念和行为，它们决定并直接影响着公共部门的人力资源战略和人力资源战略管理。

莱特和麦克马汉从功能的角度出发提出了战略人力资源管理的含义。他们认为，战略人力资源管理是一系列有计划的和战略性的人力资源配置和管理行为。

公共部门战略性人力资源管理（Strategic Human Resources Management in the Public Sector）就是制订、实施和监控人力资源战略的过程，其目的是实现人力资源管理职能活动与组织战略的一致；也就是说，公共部门战略性人力资源管理是指通过对公共部门人力资源管理的战略化设计，保证人力资源管理和组织战略相一致，各人力资源管理职能活动之间协调一致，并通过全员的参与和支持实现组织绩效的提升。它强调人力资源管理活动与人力资源的能力聚焦于人力资源战略与组织战略，各职能活动相互契合，并与组织架构、业务流程和组织文化相契合，确保组织战略的灵活性与可执行性。

2.3.2 公共部门战略性人力资源管理与人力资源管理比较

一些学者认为，与人力资源管理相比，战略性人力资源管理具有以下特点：它着重于对组织绩效的影响，而不是对个人绩效的影响。人力资源管理系统可以为组织提供高性能，而不是个人人力资源实践。从纵向分析可以看出，战略人力资源管理和人力资源管理是从组织管理到人员管理的不同发展阶段。战略性人力资源管理意味着人力资源已成为组织的战略资源，人力资源管理已上升到组织发展的战略地位，人力资源管理部门的职能已成为该组织的战略合作伙伴。同时，人力资源管理部门的角色也发生了变化，人力资源经理已成为战略规划师。因此，公共部门的战略人力资源管理与公共部门的人力资源管理之间存在很大差异，其特征见表2-2所列。

表2-2 公共部门战略性人力资源管理与公共部门人力资源管理的不同特点

角色	内容	公共部门战略性人力资源管理	公共部门人力资源管理
战略角色	重要关系 人力资源的主动性 战略计划的重要性 决策速度 计划周期	内部与外部顾客或公众的关系 主动的、一体的 处于人力资源活动的中心 快 短、中、长期，根据需要而定	上下阶层关系 被动的、离散的 处于人力资源活动的边缘 慢 短期
信息沟通角色	沟通过程 沟通水平 沟通范围	直接的 高水平的 根据需要，宽范围的沟通	间接的 有局限的 主要在组织阶层内部
行政管理角色	规则的重要性 管理工作的指导	重要的是完成工作 成功所需要的	必要的，明确 政策和规程

（续）

角色	内容	公共部门战略性人力资源管理	公共部门人力资源管理
具体的 HR 事务功能	招聘 薪酬 工作条件 劳资关系 工作细分 职位设计 培训和发展	和组织战略一体，是关键任务 以贡献为基础，灵活的 与组织的战略和文化相协调 平等约定，本质上是合作的 少 广泛的，注重团队 综合的，促进学习型组织的发展	和组织战略脱离，处于边缘地位 以工作岗位为基础，固定的 单独谈判的一项内容 互相讨价还价，敌对的 多 严格根据工作部门划分 专项的，严格掌握控制
动态管理职能	HRM 部门的角色 冲突的处理 对组织成员关系的调解	变化的，变革的倡导者 对组织文化的宽泛调控 宽范围的，注重变化的	程序化的，变革的追随者 临时的，促使冲突最小化 注重程序的

资料来源：许小东，战略导向型的人力资源管理：职能、特点与模式转型，管理科学研究，2002，4。

有学者认为，人力资源管理就是要克服传统人事管理中的招聘、培训等各个工作模块，将分散的各种职能整合成一个相互关联的管理体系，并根据外部和内部的需要，结合整体人力资源管理策略采取相应措施。但是，人力资源管理和人事管理一样，仍然停留在职能层面，存在很大的局限性：它脱离了组织的业务，只反映了组织内外部的需要，短期定位，对最高管理者没有影响，主要关心下级组织成员。战略人力资源管理是在克服传统人事管理和人力资源管理局限性的基础上进一步发展起来的，它将人力资源管理与组织战略和业务相结合。也可以说，战略人力资源管理在一定程度上与传统的人事管理和人力资源管理截然相反：与组织业务紧密结合，注重战略，着眼长远，对高级管理人员影响很大，主要关注核心员工等。这并不是否定人力资源管理，它不是过时的，而是发展战略人力资源管理的基础；换言之，战略人力资源管理是在人力资源管理的基础上的提升和超越。

2.3.3 公共部门战略性人力资源管理的角色、职能与活动

2.3.3.1 公共部门战略性人力资源管理角色

科奇安（T. Kochan）等人论述了战略性人力资源管理在组织中的角色。第一，战略活动的参与作用。这是指参与组织的总体战略决策；根据组织的总体战略实施人力资源战略；帮助部门负责人创造价值；帮助组织成员满足顾客或公众的需求。第二，信息支持的作用。这是指提供其他组织的信息和对某些问题的专家意见；收集、传播甚至生成与人力资源有关的信息，以满足组织战略的日常工作和组织活动的需要。第三，发挥人力资源支撑的战略作用。这是指选择符合组织战略和文化要求的组织成员，协助设计和实施绩效管理，设计和实施有效的工作激励方案，设计符合组织战略的薪酬体系，设计和实施组织成员的教育培训发展和职业生涯管理和帮助各部门经理进行有效的战略性人力资源管理。第四，发挥动态管理的作用。关注工作的活动过程及其对组织绩效的影响，帮助重新设计组织结构，促进符合组织基本价值观的变革，实施组织成员的发展和人际关系计划，最大限度地发挥组织内不同力量的综合效能，研究判断员工关系中存在的问题并提出解决方案和参与必要的行政工作等。

2.3.3.2 公共部门战略性人力资源管理职能

休斯里德（M. Huselid）认为，战略性人力资源管理实践活动的最佳组合是人员挑选、绩效考核、激励系统、职位分析、晋升系统、就业安全、信息共享、态度调查和员工参与管理。伯菲（J. Pfeffer）在此基础上，提出了16项人力资源管理工作：就业安全、招聘时的挑选、高工资、激励薪金、员工所有权、信息共享、参与和授权、团队和职位再设计、培训和技能开发、轮岗和交叉培训、缩小工资差别、内部晋升等。德莱利（Delaney）又确定了7项战略性人力资源管理工作：内部职业机会、正规培训系统、评价方法、利益共享、工作安全、投诉机制和工作定义。总而言之，公共部门战略性人力资源管理职能基本分为4类：

①旨在选拔和开发组织成员的潜力，为组织提供更好的人力资源。如严格的选拔制度、内部晋升、技能多样化、跨职能培训和岗位轮换等。

②旨在激发组织成员的积极性，激励他们努力工作。如就业安全、员工满意度调查、贡献型薪酬体系、多元化薪酬体系、岗位多元化与丰富化等。

③要充分发挥组织成员的影响和作用，同时达到激发潜能、努力工作的目的。如工作团队、员工参与、合理化建议和问题解决团队。

④加强组织成员之间的沟通，为组织成员的工作创造良好的信息条件。如信息共享、投诉机制、沟通机制、工会制度等。

2.3.3.3 公共部门战略性人力资源管理活动

根据舒勒的观点，战略性人力资源管理可以分成几个不同的组成部分，它们包括人力资源管理的哲学、政策、计划实践和过程。在每个部分中都包含战略性人力资源管理所要实施的内容，它们之间通过组织的层级而相互联系，并成为一个整体。总之，它们的目的是更有效地利用人力资源以适应组织的战略需要。舒勒的观点很好地诠释了前述外部契合和内部契合的关系，包括6个方面。

（1）人力资源管理理念

人力资源管理哲学是指组织如何看待人力资源、人力资源在组织成功中的作用以及如何对待和管理人力资源。

（2）人力资源政策

人力资源政策不是指所谓的"人力资源手册"，即指导组织成员日常工作行为的指南，旨在制订具体的人力资源计划和实践的总体指导原则，包括人力资源活动的方方面面，如工资、培训、管理等。

（3）人力资源规划

人力资源规划是由人力资源政策决定的。它在人力资源活动中起着协调作用，保证人力资源活动自始至终都能朝着组织战略需求所要求的方向发展。这些活动一般从组织高层开始，逐步或从其他地方展开。

（4）人力资源管理实践

一个人在组织中扮演3个角色：领导者、管理者和实践者。但无论是领导、管理还是实践，一旦组织成员行为的角色确定，人力资源管理实践都可能影响组织成员行为的绩效。人力资源管理的实践必须与本组织的战略需要密切联系。

（5）人力资源管理过程

人力资源管理过程是一项重要的战略性人力资源管理活动。对于所有战略性人力资源管理活动，人力资源管理活动必须是一致的。这是因为这些活动影响每个人的行为。如果它们彼此不一致，就无法传递相同的信息（信息指的是它们所期望的），也就无法为组织战略需求的成功实施提供必要的环境。

（6）战略性国际人力资源管理

随着世界竞争的加剧、不确定性和不稳定性的加剧，许多组织必须参与全球竞争才能取得成功。

2.3.4 公共部门战略性人力资源管理的问题与改进

从发达国家对人力资源实施战略管理的成果和经验来看，公共部门人力资源战略管理的理论和实践中存在一些问题：首先，在概念上，人力资源战略管理希望对所有活动进行总结，从而制订具有连贯性的战略，但这忽略了公共部门工作的"多层次"和"高度复杂性"的特点。其次，在经验上，人力资源战略管理更注重"标准化"的探讨，但实际效果并不理想。在我国公共部门，还表现出特殊性。

2.3.4.1 对战略管理的误解或不足

对战略管理的误解或不足总体表现为：没有公共战略或滥用公共战略；公共战略是根据上级或首席执行官的意愿制订的；公共策略模仿他人；发展战略还将使公共部门陷入危机；公共战略的管理能力有限；公共战略只停留在纸面上；公共策略不强；制度、结构与公共战略不匹配，缺乏足够的人才来实施公共战略；短期和长期的公共政策被抛弃，公共部门公共战略的缺乏，忽视长期利益。具体表现是缺乏战略规划能力、制定公共政策能力、资源管理能力和项目管理能力。这将直接导致战略性人力资源管理问题。

2.3.4.2 战略人力资源管理本身的问题

（1）无法实现与组织战略的协调

许多公共部门缺乏明确、标准化的核心价值和战略描述。模糊的战略描述会导致人力资源管理方式的脱节以及战略性人力资源计划与组织战略的不兼容，最终影响组织长期发展目标的实现。

（2）很难匹配业务流程、组织结构和组织文化

许多党政机关仍然存在程序烦琐、组织结构扩大、行政层次繁多、服务意识薄弱等弊端，直接影响和制约着科学管理水平的提高。

（3）管理职能不完善、发展不平衡、各项职能协调不力

经过多年的建设和发展，公共部门将考试作为人才选拔的主要方式，也注重对员工的培训发展、绩效评估等方面。但是，在工作设计、工作分析、竞争、职业管理、绩效管理和薪资管理等方面的进展明显滞后，这就证明了当前公共部门人力资源管理体制仍存在缺陷。现有职能通常是具有一定的"独立性"，信息沟通具有时滞性，在组织策略的统一指导下，如果不能实现整合发展，将很难获得良好效果。

（4）管理权限过于集中，缺乏灵活性

公务员的管理权主要集中在高层党委及其组织内的人事部门，直属主管的权力十分有限，很难在公务员管理中有效行使其职能，导致整个管理过程中缺乏灵活性和可变性。

（5）管理组织及其人员的角色错位

公共部门的人力资源管理过程中，具有管理职能的组织及其内部员工，通常较为被动，很难在参与组织战略计划和制订重要决策中起作用。人员素质的参差也对管理过程产生了一定的影响。组织干部队伍素质参差不齐，部分干部缺乏战略人力资源管理的相关知识，管理队伍中缺乏高级人力资源管理人才和战略人力资源改革等方面的专家，无法为高层领导提供科学、权威的意见。

我国公共部门人力资源管理发展的阶段中，战略管理问题的暴露是必然的。我国目前仍处于人力资源管理体制改革的重要阶段，人力资源管理在战略管理方面仍存在诸如职责模糊、团队建设专业性较弱、改革动力不足等问题。这就要求我国公共部门要在以习近平新时代中国特色社会主义思想为思想指导的基础上，努力改正管理体制中的不足，弥补管理体制漏洞，最终探索出适合我国国情的公共部门人力资源管理模式及战略目标。具体做法如下：

①灵活借鉴发达国家的管理经验　结合我国国情，避免盲目照搬他国的管理模式。以美国为例，2005年，美国联邦政府为人力资源管理制订了原则性框架，用于管理过程中的战略整合、人力资源规划和分配、领导和知识管理、注重成果的业绩文化、人才管理及责任保障；2012年，美国人事管理局又将战略主题制订为：a.改善联邦公务员的就业流程；b.加强联邦官员的多元化和包容性；c.向联邦官员提供足够的信息；d.确保联邦官员具有完成组织使命所需的基本技能；e.鼓励更多的领导者；f.帮助退伍军人在联邦机构中找到合适的工作。

②运用较为先进的战略管理理论完善人力资源管理体制　应做到：a.明确公共部门的职能、发展规划等基本价值和战略，建立以战略规划为指导的动态改革机制；b.优化组织结构，提升业务流程流畅度；c.明确公共部门人力资源管理职能，厘清人力资源管理体制改革重点。

③有效厘清人力资源管理体制改革的重点　a.在明确组织战略的基础上，制订较为完善的人力资源战略规划，将合规性和工作满意度融入工作设计体系中，实施更加科学、准确、规范的工作分析和分类体系；b.根据不同岗位制订不同的工作标准、考核内容和考核方法；c.以技能模型为基准，建立基本技能体系，即运用技能模型，进行人员的选拔任用、绩效管理和培训发展体系，建立更具人文关怀的管理体系；d.改进培训方法，加强对培训过程效果的监测和评估；同时完善绩效计划、绩效实施、绩效评估、绩效反馈和绩效结果的"五合一"绩效管理体系，实施绩效薪水，弹性薪水；e.重视管理授权，促进人力资源的利用；f.提高组织内人员的专业化水平，实现组织和员工由服务者向战略决策者角色的转变。

④拓宽公共部门战略管理能力的提升途径　a.充分利用政治资源，为公共部门战略管理提供稳定的政治环境和强有力的政治支持；b.树立政治领导者的"创业"精神，引导他们将个人政绩观与总体政绩观相结合，拓宽其政治视野，促进公共部门战略管理体系的完善；c.吸取私营企业的经验，适当引入竞争，建立公共部门战略管理的外部激励和内部激励机制，形成部门间的良性竞争；d.拓宽公民参与决策的渠道，发挥思想库、新型智库等智囊团的作用。

【延伸阅读】

破解"城管困境"

城管执法工作的日益全面带来了相应的问题。城管执法工作及执法人员的各种负面报道也日益成为社会关注的焦点。城管执法工作饱受批评和指责,素质低、野蛮执法、街头追打小商贩,几乎已经成为城管执法人员的"代名词",更有人呼吁应当解散城管执法队伍。关于城管执法工作面临的争议,部分学者从立法、城市管理、城管执法手段等角度已经做了相关研究,但是,以往研究大多从城管执法队伍的外部环境进行分析,缺乏对城管执法队伍内部的人力资源状况及管理机制的研究,形成了研究的空白地带。

在破解城管困境时分析发现,战略性人力资源管理理论对分析和解决当前的城管执法队伍所面临的特殊困境有着非常重要的启示,为破解这种困境提供了一种很好的思路。

总的来说,我国城管执法队伍所面临的困境,主要源于两方面的因素:一是战略定位不明确所导致的人力资源管理的外部契合度较差;二是城管执法队伍的人力资源管理系统性较差所导致的内部契合度不够。

从外部来看,高效的战略人力资源管理要求必须具有良好的外部契合度,即人力资源管理系统必须与组织所处的环境、战略定位保持一致,能够为组织战略和使命的达成提供强有力的支持,同时使广大员工有目标感和使命感。然而,我国对城管执法队伍的战略定位一直较为模糊,这就导致城管队伍的人力资源管理缺乏明确的导向性,造成城管执法队伍的能力、职能与绩效出现不匹配的状况,进而无法实现人力资源管理的外部契合性。

从内部来看,城管执法队伍的素质较为参差,且结构不合理主要原因在于定位不清晰、队伍内部的人力资源管理机制存在缺陷以及内部契合度较差。员工的进入退出机制、职业发展通道、培训以及薪酬4个方面都存在一定问题。要想破解"城管困境",首先需要回答一个最基本的问题,这就是我们在城市管理中是否需要这样一支队伍。如果这支队伍根本没有必要存在,那么,解散城管队伍便可使"城管困境"马上解决。然而,无论是中国城市发展的规律和特点,还是中国的政治、经济以及社会管理体制的性质,都决定了我们确实需要城管执法这样一支队伍来维持城市的基本秩序和环境。

如前所述,由于"城管困境"是战略模糊导致的外部契合性差以及人力资源管理的内部契合性较低造成的。因此,破解"城管困境"的思路也必须同时从这两个方面入手。

首先,明确城管队伍在法律和政府中的地位,认可其存在的价值。当城管执法队伍的法律地位和在政府中的地位得到认可之后,接下来还要根据最终核定的城管执法的职责范围以及工作量大小来核定人员编制,同时,根据城管执法队伍的工作特点和对装备的特殊需求,提供足够的财政经费支持。显然,在公共部门中,只有当管理体制顺畅、人员和经费充足时,一个组织才有能力产生良好的绩效。

其次，在城管执法队伍的战略定位完成之后，还需要相应地采取与战略相匹配的人力资源管理措施，同时确保人力资源管理各项职能之间的内部一致性，这样才能确保城管执法队伍能够适应新的形势和要求，取得良好的绩效。

总之，随着未来的现代化城市管理模式的逐步形成，城管执法队伍的职能定位可能需要继续进行调整，但是在中国当前的现实情况下，这支队伍的存在价值是毋庸置疑的。在这种情况下，中央和地方政府就应当对城管执法系统的作用形成共识，同时尽可能地理顺城管执法队伍的管理体制，一方面，强化这支队伍的执法能力，规范他们的执法方式，从而使其发挥出对城市管理的更大贡献；另一方面，也使这支队伍能够有一种归属感和安全感，不至于在做了很多牺牲，为政府和社会作出了巨大贡献的同时，却处于一种边缘状态。

资料来源：刘昕，刘颖，董克用．破解"城管困境"的战略性人力资源管理视角——基于对北京城市管理综合执法队伍的调查研究．公共管理学报，2010，7（02）：37-45+124．

【本章小结】

人力资源战略管理是现代人力资源管理的前沿与核心问题。本章从人力资源问题与战略入手，详细介绍了公共组织内外部环境诸多因素分析的着眼点以及因素评价方法，并从不同角度比较了公共部门与企业战略性人力资源管理的异同；本章还讲述了公共部门战略性人力资源管理的角色、职能与活动，并分析了我国公共部门战略性人力资源管理中存在的问题与改进方向。

【关键术语】

人力资源的战略管理　人力资源管理战略问题　人力资源战略内外部环境　人力资源战略评价

【复习思考题】

1. 简述公共部门战略。
2. 简述公共部门人力资源战略。
3. 简述公共部门战略与公共部门人力资源战略的关系。
4. 简述公共部门人力资源战略的类型。
5. 简述公共部门人力资源战略的制订与实施。
6. 简述公共部门战略性人力资源管理的定义。
7. 简述公共部门战略性人力资源管理与公共部门人力资源管理的联系与区别。
8. 简述公共部门战略性人力资源管理的角色、职能与活动。
9. 试述我国公共部门战略性人力资源管理的问题与改进。

第3章 公共部门人力资源的工作分析与职位分类

职位是公共部门的重要稀缺资源，其管理和分配方式的演变体现了政治体制和公共部门人力资源管理价值的变迁。

3.1 公共部门人力资源管理制度构建的价值基础

3.1.1 欧美"分赃制"下的职位管理

在欧美政治"分赃制"下，公共职位是统治权争夺胜利者可以进行分配的一种资源，对公共职位的分配更像是一种"分赃物"的行为。公共职位的获得不是因为其能力和资历的符合，而是在争夺统治权过程中作为领袖的追随者出力的原因，贡献越大获得公共部门的职位级别也就越高。虽然，一些公共职位也会有一定的任职资格要求，但其目的是为了维护政治官员在民众心目中的"形象"，或者因为分赃不均，只好用条件加以限制，而不是为了使公共利益更好地得到保障。所以，在政治"分赃制"下，公共职位是不需要工作分析与分类这种管理手段的，任何人都可以胜任所有的职位，只要其政治上忠诚，忠诚是任职资格的首要内容。

3.1.2 公务员制度下的职位管理

随着社会的发展，统治集团意识到要想使自己的集团长时间占据统治地位，就必须关注公共利益。关注公共利益的重要体现，就是政府系统能一定程度上为民众服务，这就要求公共部门的工作人员具备为公众服务的意识与能力，由此，一部分公共职位就有了资格的要求，也就有了工作分析、职位分类的需求。

另外，随着民权意识的提高，公众对"分赃制"腐败的接受度也越来越低。在民权与统治权之间的争夺中，统治权越来越退缩。因此，当权者可以分赃的公共职位的范围也逐渐缩小，最后上升到用法律的形式来限制分赃的范围。

正是以上两方面的原因，西方开始形成公务员制度。工作分析与职位分类是公务员制度非要重要的两个方面。通过工作分析，确定每个公共机构的职位数量，并以法律的形式固定下来即定编。同时通过工作分析，明确各个公共职位的任职者应具有的能力与资格要求，这在一定程度上限制了公共部门人员聘用的随意性。此外，西方国家还将公共部门的职位分为文职类和政治职位类，文职官员的录用严格按照职位规范进行，并附以职务常任，以保护文职官员的地位不受政党更迭的影响，而政治类官员任用则是政治分赃的结果。

3.1.3 依法行政下的职位管理

公务员制度是对公共系统职位法治化管理的体现，在一定程度上使公共组织摆脱了政治的压力。但法治的外在表现形式——法律条文的过度发展，就是繁文缛节，会对公共部门人力资源的管理带来负面的效应。一方面，过细的法律条文会束缚公共雇员的微观行为，限制其灵活与创新；另一方面，公共雇员习惯于对法律条文的依赖，放弃自己工作创新的想法与行为。

此外，公务员的职务常任，原本是为了保持公务员队伍的稳定，限制政治类官员对文官职位的干涉，但现在却演变为包庇懒惰、不称职官员的代名词，有悖于此项制度的初衷。

无论是"分赃"还是法治，体现的都是对公共部门职位的控制，这也是政治领袖的最终目的。但政治领袖——只有发展才能更好地控制。因此，对公共部门运作的效率要求就越来越受到重视。这既牵涉对职位管理的灵活性，又牵涉对公共雇员的激励。所以，从现代人力资源管理的角度对职位进行管理就成为公共部门职位管理的发展趋势，它体现为：对职位分类的相对拓展，强调在不影响资格能力条件下的合理流动；在公共雇员的雇用关系中引入绩效激励，提升灵活性和工作效率。这些都要求工作分析、职位分类的指导理念向人本化方向转化。

3.2 公共部门的工作分析

3.2.1 工作分析的含义

工作分析指全面了解、获取与工作有关的详细信息的过程，是对组织中某个特定职务的工作内容和职务规范的描述和研究过程，即制订职务的说明和职务规范的系统过程。

3.2.2 工作分析的程序

由于工作分析的用途广泛，又是公共部门人力资源管理的基础，因此，在进行工作分析时，必须遵循一定的程序，以避免因资料搜集的错误而影响整个人力资源管理的运作。一般来讲，工作分析的程序分为以下几个步骤：

（1）确定工作分析的用途及明确工作分析的目标

有了目标、用途之后，才能确定搜集什么类型的资料，不致浪费时间搜集一些对分析没用的信息。同时，有了目标、用途之后，才能决定采用哪种方法来进行工作分析。

（2）确定工作分析的执行者

工作分析者应由经过相关培训的人力资源专家、管理人员、普通员工3个方面组成，这样可以使工作分析的专业性、技术性得到各方的认可。

（3）选择有代表性的职位来进行分析

一般来讲，相类似的工作很多，假若将每一个职位都进行分析，从时间上来讲是不可能的，因此，就需要选择其中若干具有代表性的工作来进行分析，然后进行类推。

（4）搜集工作分析信息

这是工作分析的关键环节。需要搜集的信息包括员工的任职条件、工作状况、员工工作行为、日常活动等。

（5）让任职者及其直接上司认可所搜集的资料

在资料搜集过程中，由于某些原因，有些重要的资料可能被遗漏，让任职者和其直接上司认可，能使资料更完备，也可以使他们更易于接受所搜集到的活动资料。

（6）编写工作说明书和工作规范

在对信息审查后进行分析和整理，编写出工作说明书和工作规范，这是工作分析成果的体现。工作说明书就是对工作职责、工作活动、工作条件等与工作特性有关的重要信息所进行的书面描述，工作规范则是侧重全面反映工作对任职人员品质、特点、技能以及工作背景和经历等方面的要求。

3.2.3　工作分析的内容

工作分析是指对工作进行整体分析，以便确定每一项工作的必要条件和因素。为了保证组织能够系统地搜集职位的全部资料，就需要准备好一份标准的工作分析表。工作分析表中的问题须经过精心选择，一般应包括下列有关基本要素的提问：

（1）关于职位

①谁从事此项工作？职位的名称是什么？

②职位的基本任务是什么？

③如何完成这些任务？使用什么设备？

④此项任务的目的是什么？此职位的任务和其他职位任务的关系是什么？

⑤执行者对科室和设备的职责是什么？

⑥工作条件（工作时间、工作环境等）如何？

（2）关于工作者圆满完成任务所需的条件

①知识。

②技术，包括经历。

③受教育程度。

④体力状况。

⑤智力状况。

⑥适应性（主动性、灵活性等）。

3.2.4　工作分析的方法

工作分析的方法有很多种，主要有面谈法、问卷法、现场观察法、工作日志法等。

（1）面谈法

面谈法是一种应用最为广泛的工作分析方法，是指工作分析人员就某一职务或者职位面对面地询问任职者、主管、专家等对工作的意见和看法。在一般情况下，应用访谈法时可以以标准化访谈格式记录，目的是便于控制访谈内容及对同一职务不同任职者的回答相互比较。面谈法有3种形式：个别员工面谈法、集体面谈法和主管领导面谈法。集体面谈法一般在许多员工从事同样工作的情况下使用,通常也邀请其主管领导参加。主管领导面谈法是指通过一个或多个主管领导面谈,这种方法的前提是主管领导应对下属的工作有充分的了解。

(2)问卷法

问卷调查法是工作分析中最常用的一种方法。具体来说,由有关人员事先设计出一套职务分析的问卷,再由随后工作的员工来填写问卷,也可由工作分析人员填写,最后再将问卷加以归纳分析,做好详细的记录,并据此写出工作职务描述。运用问卷法,首先要确定问卷的结构性程度。在实际操作中,既有结构性较强的问题,又有开放性的问题。其次,问卷法的关键还在于确定问卷所应包含的问题。问题设计得如何,直接牵涉所搜集资料、信息的质量,从而影响工作分析的效果,因此,这是一项漫长而复杂的工作。

(3)现场观察法

现场观察法是一种传统的工作分析方法,指的是工作分析人员直接到工作现场,针对特定对象(一个或多个任职者)的作业活动进行观察,收集、记录有关工作的内容、工作间的相互关系、人与工作的关系以及工作环境、条件等信息,并用文字或图片形式记录下来,然后进行分析与归纳总结的方法。

(4)工作日志法

工作日志法又称工作写实法,指任职者按时间顺序详细记录自己的工作内容与工作过程,然后经过归纳、分析,达到工作分析目的的一种方法。

3.2.5 工作说明书

有了上述工作分析方法收集的资料,我们就可以开始工作说明书的编写了。工作说明书是对工作本质和要求进行书面的概要描述。

工作说明书的编写要求就是要用普通人能够理解的、最简练的语言完整地描述与工作有关的重要信息资料。工作说明书应是一种正式的书面文件,一般来讲它包括以下 8 项内容:

(1)工作认定

工作认定包括工作职位的编写人员、编写日期、工作状况、职位名称等。

(2)工作摘要

工作摘要是对该职位工作责任的摘要,所用语言应尽量具体明确,切忌泛泛地概括。

(3)工作关系

工作关系是指该职位工作者与组织内外其他职位人员之间的横向、纵向关系。

(4)职责

职责指该职位的职责概述和职责范围。

(5)职权

职权指为确保工作正常开展所赋予相应职位的权限。

(6)绩效标准

对工作的最低绩效标准进行描述,包括最低工作量、完成某项服务的时间限制、工作质量、顾客满意度等。

（7）工作条件

工作条件是指一定时间空间范围内所涉及的各种物质条件。

（8）任职资格

任职资格指从事本职位工作所需的资历条件，也称工作规范，包括受教育程度、工作经历、培训情况、特殊技能要求等。

以上8项是工作说明书的主要内容，至于工作说明书的编写格式则没有明确的规定，可依据组织具体情况而自行设定。

3.3 人员分类管理概述

3.3.1 公共部门人员分类

人员分类是人力资源管理中的一项基础工作。所谓公共部门的人员分类是指将公共部门中的工作人员或职位按工作性质、责任轻重、资历条件及工作环境等因素划分类别，设定等级，为人力资源管理的其他环节提供相应的管理依据。

在公共部门的人员分类中，其分类对象是公共部门中的工作人员或职位，由此形成了两种典型的人员分类制度：以工作人员的官阶为中心的品位分类和以职位为中心的职位分类。

3.3.2 人员分类的意义

人员分类是实现现代化公共部门人力资源管理的基础和前提，具有以下3个方面的意义：

（1）人员分类管理有利于提高公共部门人力资源管理的效率

公共部门的任职人员队伍是一支工作任务繁多、工作形式多样、工作性质复杂的庞大队伍，没有一定的分类就无法实现管理的目标。人员分类是实现公共部门人力资源高效的技术基础，对公共部门的人员进行分类，可以使国家的公共部门人力资源管理做到有的放矢，从而提高公共部门人力资源管理的效率。

（2）人员分类管理有利于规范公共部门人力资源管理

实行人员分类，无论是品位分类、职位分类，还是二者的混合分类，都是针对不同的特点和需求实施的科学管理，通过职位规范明确各个职位的任务、责任、任职资格和工资标准等为公共部门人力资源管理的录用、考核、薪酬等管理工作提供依据，使各项工作做到有章可循，进而实现公共部门人力资源管理的规范化。

（3）人员分类管理有利于调动公共部门任职人员的积极性

分类管理对公共部门任职人员所处系统进行了明确的等级划分，使公职人员可以清楚地了解到自己所处的等与级，进一步明确自己本身的升迁途径和升迁目标。一方面，可以激励其高质量完成本职工作；另一方面，还可以激励其为将来职位提升后可能从事的工作做好知识储备、能力锻炼，进一步搞好自我开发，提高工作的积极性。

3.3.3 人员分类制度选择的原则

一个国家、地区、部门的人员分类制度，是在品位分类、职位分类中选择一种，还是将两者相结合，都需要遵循人员分类制度选择的基本原则。

（1）文化原则

文化是社会中的人们所共有的一种约定俗成的心理状态。文化是在特定的社会环境中形成的，渗透于社会的方方面面，同样也会影响管理制度和管理方法。美国以"事"为中心的职位分类和英国以"人"为中心的品位分类，无疑都与其文化传统相一致。而我国数千年文化积淀中的人文主义思想、"民本"思想、中庸之道，既不同于美国的自由、平等、民主，也不同于英国的绅士型文化，这就要求我国在公共部门人员分类制度的选择上不能照搬美国的职位分类，也不能照抄英国的品位分类，而应吸收二者之精华，建立具有中国特色的公职人员分类体系。

（2）传统原则

任何一个民族的历史传统都是本民族的宝贵遗产。传统可能意味着保守，但并不意味着都是糟粕。人员分类制度的选择和革新也是如此。对传统的东西不能完全摒弃，而应在传统基础上推陈出新。当今美国公共部门人员分类制度的改革是在原传统职位分类基础上，吸收一些品位分类的优点，而英国公共部门人员分类制度的革新则是在传统品位分类基础上，吸取了职位分类的先进经验。因此，我国公共部门人员的分类制度选择和改革，也不能完全抛弃古代的品级分类和新中国成立后的干部分类方法，而应在此基础上，古为今用，洋为中用，逐步实现我国公共部门人员分类制度的现代化。

（3）组织需求原则

任何分类制度和方法都要最终落实在具体的组织之中，不同的组织，其组织目标、组织职能、组织文化也不同，这就要求有不同的分类制度来对其工作人员或职位进行分类，在这方面没有放之四海而皆准的分类方法。在研究单位等开放型管理的组织中，实行品位分类最能促进其工作和管理的开展，而在经营性、服务性的社会公共组织中，职位分类可能更利于提高效率。总之，分类制度和方法的选择要以组织的需求为根本原则。

3.4 公共部门品位分类

3.4.1 品位分类的含义

品位分类是品（官阶、等级）和位（职位）作为分类评价的基本要素，只要具备一定官阶就可以担任与此级别相应的不同业务性质的职位，并享有相应级别待遇的人事分类制度。

品位分类在我国由来已久。早在魏晋时期，官阶就已经称品，朝廷把官吏分为"九品十八级"，之后的各个朝代在此基础上逐渐完善，品级也逐步增多，且品级同俸禄挂钩。但是，封建社会时期，品位主要是身份和特权的标志，同现代意义的品位分类有着根本上的区别。

随着现代文官制度在西方的建立和发展,品位分类由封建社会的注重特权和身份过渡到注重任职资历条件,再到现代的工作内容和资历并重,逐步完善。英国是现代品位分类最典型的国家,其他实行品位分类的国家还有法国、意大利等。

3.4.2 品位分类的特征

品位分类作为人员分类的两大制度之一,其基本特征为:

①品位分类是以"人"为中心的分类体系　品位分类的对象是人、人格化的职务等级以及人所具有的其他资格条件。具体而言,在人员任用方面过分重视人员的学历、资历、经验和能力,个体的背景条件在公职录用和升迁中起着至关重要的作用。任职年限、德才表现等通用资格条件是晋升的主要依据。可见,品位分类是人在事先。

②分类和分等相互交织　在品位分类中,同职务、级别的分等一般同时进行。因此,品位分类通常采用先纵后横的实施方法,也就是先确定等级,然后再分类别。

③品位分类强调公务人员的综合管理能力　品位分类注重"通才",不注重公务人员所具备的某一方面的特殊知识和技能。人员职位的调动、交流、晋升受所学专业以及以往工作经历的限制较少。

④官位和等级职位可以分离　在品位分类规则中,官等是任职者的固有身份,可以随人走,官等和所在职位不强求一致,薪酬取决于官等而不取决于所从事的工作。

⑤品位分类在等级观念比较深厚的国家较为盛行。

3.4.3 品位分类的评价

(1) 从品位分类管理的历史来看其具有的优点

①结构富于弹性,适应性强,分类方法简单易行。

②有利于个人的全面发展,便于任职人员培训。

③强调年资,官职相对分离免除了因职务变动和另有任命所带来的不安全感,有利于调动公务人员的积极性和队伍的稳定。

④注重知识学历背景,有利于吸收优秀的高学历人才。

(2) 品位分类的缺点

①不注重现有岗位合理性的分析,易出现因人设岗、职责不清、机构臃肿、人浮于事的现象。

②分类比较简化、缺乏规范性,主观随意性较大。

③限制了学历低、能力强的人才的发展。

④对专业人才不够重视,不利于行政业务的专业化发展,影响工作效率的提高。

⑤过分注重年资、身份等静态因素,不利于对任职人员的激励,易于形成"本位"思想。

3.5 公共部门职位分类

3.5.1 职位分类的含义

职位分类管理就是在工作分析、职位评价的基础上，将职位依据工作性质、责任轻重、复杂程度和任职资格等因素区分为若干个具有共同性的职位，加以分类划等，是一种以"事"为依据的分类管理制度。

3.5.2 职位分类的特征

职位分类作为理想的分类制度，其具体特征为：

（1）以"事"为中心的分类体系

职位分类是事在人先。重视职位工作的性质、工作复杂或者难易程度、责任的大小，接下来才是人所具备的资格、条件。

（2）分类方式先横后纵

先依据工作性质进行横向区分，然后再依工作的难易、繁简、责任大小在纵向上进行等级划分。

（3）注重人员的专业知识和技能

职位分类注重"专才"。人员的任职调动、交流和晋升一般在同一职系，至多在同一职责范围内进行，跨职系、跨行业的流动和升迁极少。

（4）官等和职等相重合

在职等分类中，官位与职位相连，不随人走，严格实行以职位定薪酬的规则，追求同工同酬。职位变了，官等薪酬均取决于新职位的工作性质。

（5）实行严格的功绩制

在职位分类制度中，功绩是任职人员职位升迁和薪资增加的唯一标准。薪资增加的方式取决于工作年限和职务提升。随着工作年限增长职级提升，表现突出奖励提升一级；职务提升，薪资相应增加。

3.5.3 职位分类的评价

任何一种分类制度都有其长处也有其短处，职位分类也有其相应的优缺点。

（1）职位分类的优点

①科学规范化的分类管理体系，为各项人力资源管理活动的开展提供了客观依据。
②有利于形成竞争，调动工作人员的积极性和主动性。
③以"事"为依据有利于定编定员，完善组织的建设。
④有利于在职培训，便于人员管理。

（2）职位分类的缺点

①职位分类工作量繁重，成本太高，实施较为困难。
②人才发展和流动的渠道局限性大，易造成人才流失。
③整个体系过于严密，缺乏弹性，不利于人才的综合发展。

④分类死板，不利于主观能动性的发挥。

3.6 我国公共部门人员分类与实践

3.6.1 我国公共部门人员分类制度

自新中国成立到 20 世纪 80 年代，我国人力资源管理体制一直是与计划经济相适应的集中统一的管理体制。人员分类制度采用的是借鉴苏联而来的"干部人事制度"，即一整套的有关于人事管理体制、原则、机构，以及干部选拔、任用、考核、交流、培训、工资、福利、退职退休、离休、回避、申诉、控告监督等内容的制度。在这套干部人事制度中政党不分、政事不分、政企不分，所有的任职人员都称作"干部"，人员等级按照学历、资历、职务、职级来划分，是一种特殊意义上的"品位分类"。

这种分类体制所暴露出来的官本位与效率低下随着改革开放和市场经济的发展越来越阻碍我们的进步，一整套适应现代管理需要的人员分类制度亟待形成。我国于 1993 年 8 月颁布了《国家公务员暂行条例》，明确规定国家行政机关实行职位分类制度。在确定职能、机构、编制的基础上，进行职位设置，制订职位说明书，确定每个职位的职责和任职资格条件，作为国家公务员录用、考核、培训、晋升等的依据。在政府机关实行职位分类后，党的机关也参照政府公务员的分类办法实行了职位分类。检察机关、审判机关、公安系统也实施了各具特色的分类方案。我国公共部门人员分类的宏观结构大致形成。原来的国家干部被分成：①行政机关工作人员（公务员）；②党务机关工作人员；③国家权力机关工作人员；④国家审判机关工作人员；⑤国家检察机关工作人员；⑥国有企业单位管理人员；⑦人民团体工作人员；⑧事业单位工作人员。

2005 年全国人大通过的《公务员法》是我国第一部关于干部人事管理总章程性质的重要法律，对公务员的内涵进行新的界定，《公务员法》第二条指出：本法所称公务员，是指依法履行公职、纳入国政编制、由国家财政负担工资福利的工作人员。这样原来的干部分类制度就有了较大变化。公务员所涵盖的干部范围有了大幅度的扩充，党务机关工作人员、权力机关工作人员、审判机关工作人员、检察机关工作人员等与原公务员所指的行政机关工作人员一起进入新的公务员范畴之中。除公务员外，我国的"干部"还有国有企业中属于干部编制的人员、事业单位中属于干部编制的人员。2018 年 12 月通过了《中华人民共和国公务员法（修订草案）》对现行公务员法从完善公务员职务、职级，从实从严管理干部等方面进行了调整，同时根据公务员管理实践需要，对分类考录、分类考核、分类培训等进一步提出明确要求。

3.6.2 我国公务员职位分类的内容

我国在 1993 年制定《国家公务员暂行条例》时即规定建立公务员职位分类制度，但当时主要是侧重职位设置，并未从整体上对公务员职位进行划分和归类。

2018 年修订的《公务员法》第十六条明确规定："国家实行公务员职位分类制度。公务员职位类别按照公务员职位的性质、特点和管理需要，划分为综合管理类、专业技术类和行政执法类等类别。根据本法，对于具有职位特殊性，需要单独管理的，可以增设其他职位类别。各职位类别的适用范围由国家另行规定。"

（1）综合管理类

综合管理类是指除专业技术类、行政执法类以及其他职位类别以外的公务员职位类别。综合管理类职位是机关中数量最多的主体类别。需要说明的是，虽然机关工作需要各类专业知识，综合管理类公务员中有不少具有专业资格的人员，在其工作领域从事研究、政策制定工作，具有丰富的知识、经验和造诣，但这些人员的工作仍然属于机关的行政管理工作，因此，这些人员不作为专业技术类公务员。

（2）专业技术类

专业技术类是指在机关中承担专业技术职责，为实施公共管理提供直接的技术支持和保障的公务员职位类别，具有纯技术性、低替代性和技术权威性3个特点。专业技术类职位首先体现为某些行业特有专业的技术岗位，如公安的法医、海关的商品归类、原产地管理专家等；其次，体现为一些社会通用性专业的技术岗位，如工程技术、化验技术等。

（3）行政执法类

行政执法类是指在工商、税务、质检、环保等履行市场监管与社会管理职能的行政执法部门的基层单位的行政执法职位中设置的公务员职位类别。行政执法类公务员主要履行行政监管、行政处罚、行政强制、行政稽查等现场执法职责。与综合管理类相比，行政执法类只有对法律的执行权，而无解释权，出现纠纷时不具备裁定权。

关于监察官、法官与检察官职位，与1993年国务院制定的《国家公务员暂行条例》相比，《公务员法》在公务员的范围上有新的变化，监察官、法官和检察官也被纳入了公务员的范围。该类职位分别行使国家的监察权、审判权与检察权，与其他类别职位的性质、特点存在明显区别。《公务员法》第三条第二款规定："法律对公务员中领导成员的产生、任免、监督以及监察官、法官、检察官等的义务、权利和管理另有规定的，从其规定。"这一规定就是考虑到监察官、法官、检察官与行政机关以及其他机关工作人员相比具有自身的特殊性，而且我国已经制定了《监察法》《法官法》和《检察官法》，因此，在《公务员法》有关职位分类制度中，未将监察官、法官、检察官与其他公务员合并在一起进行分类。对监察官、法官、检察官不做职位分类上的调整，实际上正是贯彻和体现了对公务员实行分类管理的原则。

此外，《公务员法》第十七条规定："国家实行公务员职务与职级并行制度，根据公务员职位类别和职责设置公务员领导职务、职级序列。"第十八条规定："公务员领导职务根据宪法、有关法律和机构规格设置。领导职务层次分为：国家级正职、国家级副职、省部级正职、省部级副职、厅局级正职、厅局级副职、县处级正职、县处级副职、乡科级正职、乡科级副职。"第十九条规定："公务员职级在厅局级以下设置。综合管理类公务员职级序列分为：一级巡视员、二级巡视员、一级调研员、二级调研员、三级调研员、四级调研员、一级主任科员、二级主任科员、三级主任科员、四级主任科员、一级科员、二级科员。"第二十条规定："各机关依照确定的职能、规格、编制限额、职数以及结构比例，设置本机关公务员的具体职位，并确定各职位的工作职责和任职资格条件。"第二十一条规定："公务员的领导职务、职级应当对应相应的级别。公务员领导职务、职级与级别的对应关系，由国家规定。根据工作需要和领导职务与职级的对应关系，公务员担任的领导职务和职级可以互相转任、兼任；符合规定资格条件的，可以晋升领导职务或者职级。公务员的级别根据所任领导职务、职级及其德才表现、工作实绩和资历确定。公务员在同一领导职务、职级上，可以按照国家规定晋升级别。公务员的领导职务、职级与级别是确定公务员工资以及其他待遇的依据。"可见，目前我国实行的是以职位分类为主、职位分类与品位分类相结合的具有中国特色的公务员分类管理模式。

根据《公务员法》和《公务员职务与级别管理规定》，我国公务员职务和级别的关系是"一职数级，上下交叉"。公务员级别由低至高依次为二十七级至一级，其中，领导职务级别包括二十四级到一级。公务员领导职务层次与级别的对应关系见表3-1所列。

表3-1 公务员领导职务层次与级别的对应关系

领导职务	对应级别	职　位
国家级正职	1	总理
国家级副职	2~4	副总理，国务委员等
省部级正职	4~8	各省省长，各部、委、总局的部长、主任、局长等
省部级副职	6~10	副省长，副部长，部委归口的国家局局长，副省级市市长等
厅局级正职	8~13	各省厅、局长，各部委司、局长，省辖地、市的专员、市长等
厅局级副职	10~15	副厅、局长，副司、局长，副专员，地级市副市长等
县处级正职	12~18	县长、地级市各局（处级局）局长、区长，省部委各司局的处长等
县处级副职	14~20	副县长，副区长，副处长，处级局的副局长等
乡科级正职	16~22	乡长、镇长，处级局的科长，县局（科级局）局长等
乡科级副职	17~24	副乡长，副镇长，副科长，科局级副局长等

3.6.3 我国事业单位职位分类的内容

事业单位根据功能、职责任务，按照精简、效能的原则和国家有关规定合理设置岗位。岗位有明确的名称、职责任务、工作标准和任职条件。根据《事业单位岗位设置管理试行办法》（以下简称《办法》）第八条，事业单位岗位分为管理岗位、专业技术岗位和工勤技能岗位3种类别。对应3类岗位又分别划分了通用的岗位等级。此外，事业单位也可以设置特设岗位，用于聘用急需的高层次人才等特殊需要。事业单位3类岗位的基本任职条件包括：遵守宪法和法律；良好的品行；岗位所需的专业、能力或技能条件；适应岗位要求的身体条件。

（1）管理岗位

管理岗位指担负领导职责或管理任务的工作岗位。根据《办法》，管理岗位分为10个等级，即一至十级职员岗位，事业单位现行的部级正职、部级副职、厅级正职、厅级副职、处级正职、处级副职、科级正职、科级副职、科员、办事员依次分别对应管理岗位一到十级职员岗位。职员岗位一般应具有中专以上文化程度，其中六级以上职员岗位，一般应具有大学专科以上文化程度，四级以上职员岗位一般应具有大学本科以上文化程度。

（2）专业技术岗位

专业技术岗位指从事专业技术工作，具有相应专业技术水平和能力要求的工作岗位。根据规定，专业技术岗位共分为13个等级，主要包括高级岗位、中级岗位和初级岗位3个大的等级。其中，高级岗位分7个等级，即一至七级；中级岗位分3个等级，即八至十级；初级岗位分3个等级，即十一至十三级。此外，专业技术一级岗位是国家专设的特级岗位，任职应具有下列条件之一：中国科学院院士、中国工程院院士；在自然科学、工程技术、社会科学领域做出系统的、创造性的成就和重大贡献的专家、学者；其他为国家做出重大贡献、享有盛誉、业内公认的一流人才。专业技术职务按工作性质不同，还分成不同的系列，而且每个系列还区分不同的等级职务。

（3）工勤技能岗位

工勤技能岗位是指承担技能操作和维护、后勤保障、服务等职责的工作岗位。包括技术工岗位和普通工岗位，其中技术工岗位分为5个等级，即一至五级，普通工岗位不分等级。事业单位中的高级技师、技师、高级工、中级工、初级工，依次分别对应一至五级工勤技能岗位。

（4）特设岗位

根据事业发展和工作需要，事业单位可设置特设岗位，主要用于聘用急需的高层次人才等特殊需要。特设岗位的等级根据实际需要，按照规定的程序和管理权限确定。

【案例思考】

小左是经过公开招聘进入某事业单位工作的，之前，他曾经在某市的发改委办公室工作，有5年办公室的工作经历。

进入该单位后，小左被安排的职位是办公室主任。对于这份工作，他其实还算比较熟悉，所以很快就进入了工作角色当中。在小左的领导下，该单位办公室的工作井然有序，在各部门之间的综合协调作用也愈发重要。但是时隔不久，该单位面临中层领导层的大范围调整。领导考虑到未来工作要将对外招商作为主要工作，经考察小左能力不错，因此决定将小左调动到招商主任的职位（平调）。对于小左来说这是一项很大的挑战，他此前并没有做过相关工作。他找领导协商，希望继续做办公室方面的工作，但是领导没有采纳他的意见。接替小左职位的是该单位负责人力资源的主任。新的办公室主任和小左在新岗位上都有很多压力。虽然他们都很努力去适应新的工作任务和工作环境，但是一年后，办公室没有小左在的时候那么高效，对外招商工作也没有如领导期待的那样，取得很好的进展。

讨论题：

1. 这样的干部调配合理吗？
2. 如果干部调配之前进行工作分析，领导还会做相同的决定吗？

【本章小结】

职位是公共部门的重要稀缺资源，其管理和分配方式的演变体现了政治体制和公共部门人力资源管理价值的变迁。现代的公共部门人力资源管理制度越来越向着人本主义方向发展。

公共部门人力资源管理是以工作分析为基础展开的，工作分析是编写职位说明书的关键。工作分析要严格按照要求和程序来进行，工作分析的方法有很多种，使用较多的有面谈法、问卷法、现场观察法、工作日志法4种，或是这4种方法中几种的结合。人员分类是人力资源管理其他环节的管理依据，有利于公共部门人力资源管理的规范、高效也有利于工作人员自我激励与开发，在遵从一定原则的基础上，西方国家出现了职位分类和品位分类2种不同的人事分类制度，我们在分析其优点与缺点的基础上，吸取其精华并建立在我们已有制度的基础上形成了具有中国特色的人员分类制度。随着改革开放和市场经济的发展，为适应现代化管理的需要，我们制定并施行了《公务员法》，规定了关于人事管理体制、原则、机构，以及干部选拔、任用、考核、交流、培训、工资、福利、退职退休、离休、回避、申诉、控告监督等一系列的制度。

【关键术语】

工作分析　人员分类　职位分类　品位分类　干部人事制度　公务员制度　新公务员法

【复习思考题】

1. 简述欧美国家不同的人员分类制度。
2. 简述工作分析。
3. 简述人员分类的意义。
4. 简述品位分类的优点和缺点。
5. 简述职位分类的优点和缺点。
6. 简述我国现代公共部门人力资源分类与实践。
7. 简述我国新公务员法对于人员分类制度的调整。

第4章 公共部门人力资源的甄选与录用

4.1 公共部门人员的甄选与录用概述

4.1.1 公共部门人力资源的甄选与录用的含义与意义

公共部门人力资源招募、甄选与录用（招聘/录聘）是指公共部门通过招募、甄选、录用、评估等一系列活动，获得合适的人选，以补充组织内的空缺职位或储备人才的活动，从而实现其使命、愿景、战略和目标可简称为招录、招聘等。

（1）招募的含义与意义

招募是指为了适应组织需要，依据人力资源战略与规划，通过各种渠道吸引候选人来填补组织职位空缺的过程。

（2）甄选的含义与意义

甄选是指根据组织的职位需求，综合运用多种测评技术和方法，从某一职位的所有候选人中挑选出最合适的职位填补者的过程。甄选过程始于招聘到的候选人，然后减少他们的数量，留下空缺职位最合适的人选。在这个过程的最后，被选中的人员会被安排在组织的响应职位上。

组织录用员工后，就要在该员工身上投入工资、福利、培训等费用。组织不仅要把人才招募进来，更应该把人才留住。想留住人才要在甄选过程中对应聘者进行准确的评价。

（3）录用的含义与意义

录用是指对合格人员做出聘用决策，在委派或配置之前，主要涉及组织成员的初始安置、试用、正式录用等。

4.1.2 公共部门人力资源的甄选与录用的原则

（1）公共部门人力资源招募与甄选的原则

公共部门招募与甄选必须遵循以下原则：

①公开招聘的原则　公共部门应把招聘信息与招聘方法等公之于众，吸引大批的应聘者，从而可以招到一流的人才，同时也可以防止不正之风。

②德才兼备的原则　德才兼备是我国公共部门历来的用人标准。为此，公共部门在招募与甄选工作中应该对那些有才无德的人保持高度警觉。

③公平竞争的原则　公共部门应对所有报考者公平对待，尽力为社会上的优秀人才提供平等机会，严谨地甄选、录用人才。

④效率优先的原则　公共部门人力资源招募与甄选应该以尽可能少的成本，通过选择最合适的招聘渠道、考核手段，在保证任职人员质量的基础上节约招聘费用，避免长期职

位空缺造成的损失。

（2）公共部门人力资源的考试录用原则

公务员考试录用，除按照编制、工作需要及德才兼备标准来选拔外，还遵循以下原则：

①公开原则　公开原则指主管部门通过各种媒体向社会发出招募的职位计划、资格条件、时间、地点及招募结果；招录机关公平地根据考试成绩、考察情况和体检结果公示出拟录用人员名单。

②平等原则　平等原则指对所有应聘者应平等对待，不得因民族、性别、出身、信仰、婚姻状况等对应聘者实行歧视和给予不平等待遇。

③竞争原则　竞争原则首先是指录用要在全社会范围内公开竞争，通过考试进行。其次，应吸引更多的人员来进行应聘，只有人多，才有竞争，才能从社会中获得精英人才。

④择优原则　择优原则指通过各种方法，为政府选择真正优秀的人才。这一原则适用于任何组织的招募。这里的择优不是盲目地要求高素质，还要考虑是否符合空缺职位的工作规范要求。

4.1.3　公共部门人力资源的甄选与录用的程序

公共部门招募与甄选的流程是指从出现职位空缺到候选人正式进入公共部门工作的整个过程。这个过程通常包括根据人力资源规划和职位说明书确定招聘计划、招募、甄选、录用、评估等一系列环节。

4.1.3.1　确定招聘计划

（1）分析招聘需求

由各部门提出所缺职位人员的信息，包括人数、层次、职位要求等，正式向人力资源部提出招聘需求申请。人力资源部则会同各有关部门，根据组织的人力资源规划，共同识别并认定这些职位是否确实需要招聘员工。

（2）制订招聘计划及实施策略

招聘需求明晰之后，人力资源部会同用人单位及相关部门共同制定招聘计划及具体策略。

①招聘的时间　这是指为保证新聘人员准时上岗，在什么时间开始招聘工作最合适。

②招聘的地点　为了节省费用，组织应将其招聘的地理位置限制在最能产生效果的人才市场上。

③招聘的规模　它是指公共部门准备通过招聘活动吸引多少数量的应聘者。

④招聘的经费预算　招聘的经费主要由2部分组成：一是人工费用，即招聘人员的工资、福利、差旅费、生活补助和加班费等；二是业务费用，包括通信费、广告费、资料费和办公用品费等。在计算招聘费用时，应当仔细分析各种费用的来源，把它们归入相应的类别中，以避免出现遗漏或重复计算。

⑤招聘的宣传策略　公共部门应该利用招聘过程进行积极的形象或者声誉宣传活动，不仅提供职位薪水、工作类型、工作安全感、晋升机会等与职位相关的信息，还应让求职者了解组织文化、管理方式、工作条件、同事、工作时间等信息。

4.1.3.2 员工招募

（1）发布招聘信息

①信息发布的范围　信息发布的范围与招聘对象的范围成正比，发布信息的面越广，接受招聘信息的人就越多，应聘者也就越多，因而组织招聘到合适人员的概率就越大，但费用支出相应也会增加。

②信息发布的时间　招聘信息应尽早发布，以缩短招聘进程，同时也有利于更多的人获取信息进行应聘。

③招聘对象的层次　组织要招聘的特定对象往往集中于社会的某个层次，因而要根据应聘职务的要求和特点，向特定层次的人员发布招聘信息，例如，招聘计算机方面的专业人才，则可以在有关计算机专业杂志上发布招聘信息。

（2）接受应聘者申请

应聘者在获取招聘信息后，向招聘单位提出应聘申请。无论哪种方式，应聘者都应提供以下个人资料：应聘申请表，且必须说明应聘的职位；个人简历、学历有关证明（包括获得的奖励、证明）（复印件）；身份证（复印件）。招聘人员在接受应聘者的申请及回收应聘资料的过程中，不应被动地收取，而应当进行初步筛选，淘汰那些明显不符合要求的人员。为减少工作量，许多单位还专门建立招聘信息库，以供将来继续招聘时使用和招到合适的人才。

4.1.3.3 员工甄选

职位说明书是甄选的基础，也就是说，以职位说明书中所要求的知识、技术和能力来判断候选人的资格。关于员工甄选的内容，我们将在本章第三节做更为详细的介绍。

4.1.3.4 员工录用

这个阶段主要涉及对经甄选合格的求职者进行录用决策、通知被录用者、初始安置、试用和正式录用等过程。

（1）录用决策

录用决策是员工录用中最关键的环节。

（2）通知被录用者

通知被录用者可以通过电话或信函，联系时要讲清组织向被录用者提供的职位、工作职责和月薪等，并讲清楚报到时间、报到地点以及报到应注意的事项等。

（3）初始安置

组织对新录用的员工要进行初始安排，即给其安排工作，明确其工作职责和权限。

（4）试用和正式录用

对决定录用的人员，在签订录用合同以后，还要根据公务员法或劳动合同法的规定，有一定的试用期，如果试用合格，试用期满便按劳动合同规定办理正式录用手续（即"转正"），使他们享有正式员工的权利并履行相应的责任。

4.1.3.5 招聘评估

只有对招聘工作进行及时评估才可能找到招聘工作中可能存在的问题，从而适时地对招聘工作进行调整，提高下一轮招聘工作的质量。

招聘评估包括招聘成本评估、录用人员评估、综合评估。

4.2 公共部门人员招募渠道及方法

4.2.1 内部招募

（1）布告法

这是在确定了空缺职位及其要求条件等情况后，将有关信息以布告的形式公布在组织内部的墙报、布告栏、报刊、广播台、网站、电子信箱的媒介上，尽可能使全体人员都能获知信息。

（2）推荐法

这是由本组织成员根据组织的需要推荐其熟悉的候选人，供用人部门和人力资源管理部门甄选的方法。

（3）档案法

人力资源管理部门大都有组织成员档案，从中可以了解其在教育、培训、经历、技能、效益等方面信息，寻找合适的候选人。

4.2.2 外部招募

（1）广告

这是指通过各种媒体向社会公开招募信息，是目前最常用的方法之一。

（2）校园招募

这是公共部门短期内招募到大批受过训练的、素质较好的组织成员而普遍采用的一种方法。这种方法的优点是应聘者的素质有一定保证，而且应征人数也会很多，可有计划地进行招募和甄选。

（3）网络招募

网络招募的一种方式是在组织网站上建立一个招募渠道，由组织自己获取和筛选求职者的资料；另一种指委托相关专业的招聘网站进行招募，最后再进行验证测试即可。

4.3 公共部门人力资源甄选的方法与技术及其标准

4.3.1 资格审查

资格审查是指对求职者是否符合职位基本要求的一种审查。其中求职申请表或个人简历是重要的筛选工具，其基本内容包括求职者的一般信息、教育状况、工作经历、培训情况、个性特长、职业兴趣等，组织可依此快速收集求职者的基本数据和准确信息，并挑选出不符合最低标准条件的人。同时，面试可以根据求职申请表提供的内容进行，避免重复和漫无边际。对求职申请表中一些不详细而又想深入了解的信息，就可以在面试中进行了解。求职申请表作为一种有用的人员甄选工具，已受到越来越多的重视。研究表明，求职申请表中的项目多数能够提供与职业有关、对决策有用的信息。为了提高求职申请表在甄选上的有效性和可靠性，有的学者提出了一种新的求职申请表——加权申请表。这是根据申请表中的各项信息与特定工作的相关程度赋予其不同的权重，该权重可以作为以后完成工作的可靠预测。实践证明如果使用适当，加权申请表的预测有效性是非常高的，关键是要以确定的项目为标准，尽量少用不确定的项目。如视力、体力等生理特征和受教育程度、学历以及语言表达能力等项目预测的准确性就高，而兴趣、爱好等项目预测的准确性就差一些。

4.3.2 笔试

笔试是指让应试者在规定的时间和地点，按照试卷的要求，解答事先拟好的试题，然后通过对其卷面评分，评判其知识掌握程度与综合分析、文字表达、逻辑思维等能力的一种甄选方式。

（1）笔试的特点

笔试最明显的特点是以书面的形式向应聘者提问，并要求应聘者作出书面回答。其优点：一是成本相对较低，费时较少，效率较高；二是笔试考核的信度和效度较高，标准性、科学性较强；三是试卷评判比较客观、准确，公平性与公正性相对较高；四是应聘者的心理压力较小，较易发挥正常水平；五是笔试方法能涵盖较多的考点，可以对应聘者的知识、能力进行多方面的测试；六是笔试的试题和结果可以作为一种档案资料长期保存，以备查询。

笔试的缺点：一是无法全面考察应聘者的品质、态度、口头表达能力、灵活应变能力、组织管理能力等；二是可能出现"高分低能"现象，公共部门得不到真正需要的有能力的人才；三是应聘者可能由于猜题、欺骗、舞弊等行为而获得高分；四是对应聘者表达不清的问题不能直接进行询问，以弄清其真实水平。

（2）笔试的分类

笔试可以分为客观式考试、论述式考试和论文式考试。

①客观式考试　指以客观题为主要试题形式的笔试。它具有试题涵盖面广、信息量大、可控制考试过程中的误差等特点。

②论述式考试　具有试题灵活、测评层次较深，但有评分较为困难的特点。论述式考试是主观性试题的主要代表，适用于测评应试者的综合能力。

③论文式考试　指以论文型试题为主要试题形式的笔试。同时还要求应试者花费一定的时间来组织语言表达自己的答案，因而题量受到限制。

（3）笔试的优缺点

①笔试的优点　a.公平客观：笔试成绩客观，对基本知识、技术、能力测评的信度和效度较高，使应试者感到比较公平；b.费用较低；c.效率高；d.简便：笔试一般不需要特殊的仪器、专业人才，任何一个组织都可以运用。

②笔试的缺点　a.试题可能不科学：试题有可能是怪题、难题，这样虽然有些人考得比较好，但并不说明他掌握了必要的知识，而有些人考得比较差，也并不代表他的知识水平就低；b.过分强调记忆能力：因为有些试题往往是靠记忆、背诵来取得的；c.阅卷不统一：或因为缺乏标准答案，或受制于阅卷人员的水平，阅卷时可能出现偏差；d.难以测评应试者的工作态度、品德修养以及组织管理能力、操作技能等隐性能力。

(4)笔试的流程

公共部门在对应聘者进行笔试甄选人才时,通常要经过以下5个步骤:成立笔试机构、试卷命题、组织笔试、评阅试卷和公布成绩。

①成立笔试机构　公共部门通常有专门的负责笔试的组织与实施的机构(如公务员局、人力资源与社会保障局、人力资源服务中心等),保证笔试工作有计划、有组织地进行。笔试机构根据公共部门的需要,编制工作计划,明确空缺岗位的数量、岗位所需的人数、笔试安排、试题的组织编制、经费预算以及笔试工作的实施等。

②试卷命题　即编制笔试题目,笔试机构组织专家和用人部门的负责人根据岗位所需的知识、技能等要求编制试题和参考答案。

③组织笔试　包括做好试卷的印刷、考场管理、试卷的保管等工作。

④评阅试卷　公共部门组织专家或用人部门主管批阅试卷,阅卷评分应制定统一评分标准,采取分项流水作业、复核等方式,减少评分误差,使测试结果真实可靠。

⑤公布成绩　尽量让笔试公开化,做到及早公布成绩,从中筛选下一环节的候选人。

(5)笔试的内容

笔试的工具除了使用传统的纸笔外,还可以借助计算机、网络、软件工具等进行。但一般而言,笔试的内容大致包括工作知识测试、智力测验、能力测验,以及人格、兴趣、价值观等心理测验。

①工作知识测试　工作知识测试的目标非常明确,就是因事择人,为用而测。

②智力测验　智力测验也是最早运用于人员测评和选拔的一种方法,比较有影响力的团体智力测验是翁德里克人事测验。

③能力测验　包含一般能力和特殊能力两种。一般能力是指在不同活动中表现出来的一些共同能力,特殊能力是在一般能力的基础上形成的岗位所需要的专业技术能力。例如,设计师需要具有良好的空间知觉能力以及色彩辨别能力,管理者需要具有较强的人际能力、分析能力等。

④心理测验　心理测验是通过观察人的少数具有代表性的行为,依据一定的原则或通过数量分析,对贯穿于人的行为活动中的个性、动机、价值观等心理特征进行分析推论的过程。

4.3.3　面试

面试(interview)是指面试者与应聘者直接见面,通过对话、提问等方式,面试是使用最为普遍的一种甄选测评方法,几乎所有的员工甄选过程都会使用面试,而且还常常在招募甄选测评程序中不止一次地使用。从而更多地了解应聘者的信息或资料,以提高员工甄选的准确性。

4.3.3.1　面试的种类

面试有很多种类型,根据不同的划分标准,会有不同的结果。

(1)根据面试的标准化程度

面试可以分为结构化面试、非结构化面试和半结构化面试在面试工作中,公共部门往往会根据不同的情况选择合适的面试方式。例如,对于工作程序较强的职位,一般用结构化面试，而对于较重要或灵活的职位，则采用非结构化面试。

（2）根据面试实施的方式

面试可分为单独面试与小组面试。

（3）根据面试题目的内容

面试可分为情境面试和以行为为基础的面试。在情境面试中，面试题目主要是一些情境性的问题。

（4）根据面试的气氛

面试可分为压力性面试（stress interview）和非压力性面试（non-stress interview）。压力性面试是将应聘者置于一种人为的紧张气氛中，考官以"压力发问"的方式让应聘者接受诸如挑衅性的、刁难性的刺激，以考察其应变能力、压力承受能力以及情绪稳定性等。非压力性面试是在没有压力的情境下考察应聘者有关方面的素质。

（5）根据面试的进程

面试可分为一次性面试与分阶段面试。

（6）根据面试的功能

面试可分为鉴别性面试、评价性面试和预测性面试。

4.3.3.2 面试的实施

（1）面试的准备

①明确面试的目的。

②成立面试小组并实施相关培训。

③阅读应聘者简历　面试之前要仔细阅读被面试者的应聘简历。对应聘者的胜任程度做出初步判断，还能够发现应聘者简历中的一些问题，供面试时使用讨论。

④制定面试评分表　这样可以明确需要测评应聘者哪些方面的素质，有利于有效客观地评估应聘者。

⑤确定面试时间和场所　面试双方事先必须约定好合适的面试时间，以便可以全身心地投入其中。此外，面试环境应该安静、舒适、整洁，物品的摆放要合理，以避免干扰应聘者水平的发挥，影响到面试的效果；面试地点也可以突出招聘组织的特点，这样会更有利于双方的交流。

（2）面试的过程

①预备阶段　通常的方式是讨论一些与工作无关的问题，这部分大致占整个面试2%的比重，通常不采用基于关键胜任素质的行为性面试题目，而主要是简短的直接性问题。

②引入阶段　在此阶段，面试官要问一些应聘者有所准备而且比较熟悉的题目，这部分占整个面试的比重一般是8%，以开放式问题为主。

③正题阶段　在此阶段，面试官应通过引导应聘者讲述一些关于核心胜任素质的事例来收集应聘者的关键信息，并对这些信息做出基本判断和评价。

④收尾阶段　在这个阶段，如果面试官已经初步认定应聘者合适，那么就可以向他"推销"本单位及空缺职位的一些基本情况，以增加应聘者对应聘职位的兴趣，从而有利于录用工作。

【延伸阅读】

无领导小组讨论

无领导小组讨论是评价中心技术中经常使用的一种测评技术，采用情景模拟的方式对被测评者进行集体面试。4~8名考生组成一组，进行1h左右的讨论。讨论过程中，不指定谁充当主持讨论的组长，也不布置议题与议程，只是给出一个简短案例，即介绍一种管理情境，其中隐含着一个或者数个待解决和处理的问题，以引导小组展开讨论。没有人告诉任何一个小组成员他应该坐在哪个位置上，一般只用一张圆桌，而不使用长方形的会议桌，以使每个坐席位置具有同等的重要性。在小组讨论过程中，即使出现冷场、僵局的情况，甚至发生争吵，测评者也不出面干预，令其自发进行。整个讨论可以分为3个阶段：一是面试官宣读试题，受测者了解试题，独立思考，列出发言提纲，一般规定为5min左右；二是受测者轮流发言阐述自己的观点；三是受测者自由发言，不但阐述自己的观点，而且对别人的观点提出意见，最后达成某一协议。无领导小组讨论将自主形成3类角色：组织者；时间控制者和记录者；参与融入者。讨论结束后，由观察者根据每人在讨论中的表现及所起作用，按既定维度给出评分。

1. 无领导小组讨论的题型

无领导小组讨论的讨论题一般都是智能性的题目，从形式上来分，可以分为以下5种：

① 开放式　例如，您认为领导者应具备的特质有哪些？

② 两难式　例如，您认为情商和智商哪个更重要？

③ 排序选择　例如，对一家上市公司而言、股东分红、投资、雇员奖励哪一个更为重要？

④ 资源争夺　例如，单位计划派出20位具有潜力的员工到美国学习，如何在各个部门中分配名额？

⑤ 实际操作　形成解决问题的具体方案。

2. 无领导小组讨论的评价标准

① 参与有效发言次数的多少。

② 是否能够及时消除紧张气氛，说服别人，调节争议；是否能够创造一个使每一个人都想发言的气氛，并最终使众人达成一致意见。

③ 是否能提出自己的见解和方案，敢于发表不同意见，支持或肯定他人的意见，弹性化地坚持自己的主张。

④ 能否倾听他人意见，并互相尊重，不强行打断他人。

⑤ 语言表达、分析问题、概括或归纳总结不同方面意见的能力。

⑥ 反应的灵敏性、概括的准确性、发言的主动性等。

3. 无领导小组讨论的特点

① 适宜特殊的测评范围　无领导小组讨论适合于考查被评价者在团队中的社会和人际方面的能力，例如，沟通能力、说服能力、组织协调能力、合作意识、影响

力、人际交往意识和能力、团队精神等；解决问题时的分析能力，例如理解能力、分析综合能力、推理能力、想象能力、创新能力、信息搜集利用能力；被评价者的个性特征，例如自信、独立性高、灵活性、决断性、情绪稳定性等。

② 适宜人群为陌生人　由于是无领导小组讨论，所以如果被评价者本身存在上下级关系，那么本质上就不是无领导小组讨论了。特别是在尊重长辈、尊重上级的文化浓厚的环境之中，在存在着正式或非正式关系的群体中运用无领导小组讨论的方式进行测评，很可能会导致结果出现偏误。

③ 被评价者的人际互动性强　人际互动性强是无领导小组讨论与其他方法相比一个明显的特点。在讨论的过程中，能够观察到小组成员之间的互动细节，以及不同成员在人际互动方面的个性化表现。

4.4　公共部门人员录用程序及评估

4.4.1　考试录用的程序

（1）发布招考公告

招考公告应当公示说明招考的职位、名额、报考资格条件、报考需要提交的申请材料以及其他报考须知事项。

（2）资格审查

招录机关根据报考资格条件对报考申请进行审查。

（3）公开考试

公务员录用考试采取笔试和面试两种方式，考试内容根据公务员在职位上应当具备的基本能力和不同职位类别科学合理设置。

（4）严格考察

招录机关根据考试成绩确定考察人选，并对其进行报考资格复审、考察和体检。

（5）录用公示

招录机关根据考试成绩、考察情况和体检结果，提出拟录用人员名单，并予以公示。

（6）审批录用

公示期满，中央一级招录机关将拟录用人员名单报中央公务员主管部门备案；地方各级招录机关将拟录用人员名单报省级或者设区的市级公务员主管部门审批。

（7）试用

新录用公务员试用期自报到之日起计算，试用期为一年。新录用公务员应当履行公务员法规定的义务，享有公务员法规定的相应权利，其依次法履行职务的行为，受法律保护。

4.4.2　公共部门人员录用评估

4.4.2.1　成本评估

公共部门人力资源招募、甄选与录用的成本是指公共部门人力资源招募、甄选与录用过程中所发生的各种支出，可分为总成本与单位成本。有形成本由直接成本和间接成本组成，直接成本包括招募费用、甄选费用、录用组织成员的家庭安置费用和工作安置费用、其他费用（如招募人员差旅费、应聘人员招待费等）；间接成本包括时间支出、职位空缺损失等。

4.4.2.2 成本效用评估

成本效用评估是指对成本所产生的效果进行的分析，主要包括总成本效用分析、招募成本分析、甄选成本分析和录用成本分析。具体公式如下：

招募总成本效用 = 录用人数 ÷ 总成本
招募成本效用 = 应聘人数 ÷ 招募成本
甄选成本效用 = 被选中人数 ÷ 甄选成本
录用成本效用 = 正式录用人数 ÷ 录用成本

4.4.2.3 收益—成本比

收益—成本比 = 所有新组织成员为组织创造的总价值 ÷ 招录或招聘总成本

4.5 国内外公务员招募与甄选实践比较

4.5.1 公务员任用形式

4.5.1.1 选任制

选任制是指根据法律和章程等的规定，通过民主选举方式确定任用对象的一种公务员任用形式。国家和政府的领导人由公民选举产生，这是现代民主国家的最基本的政治理念。其优点在于体现民主价值、使公务员队伍更接近民众、政权合法性更强等。尽管选任制适用的范围有限，一般仅适用于某些法律明文规定的职位，但这是公务员队伍中十分重要的一部分。

4.5.1.2 委任制

委任制即任命制，与选任制相对应，是指任免机关在其任免权限内，委派干部担任领导职务的一种任用形式。其实质是由上级领导直接决定有关公务员的任用。但它是现代行政制度所极力限制的一种领导任用形式，因其在西方文官制度建立之前为政党分肥提供了方便，存在任人唯亲、人事腐败、权力寻租等弊端。

4.5.1.3 考任制

考任制是指通过考试来选拔任用对象的一种任用形式。其原型是我国古代的科举制。其优点是公平、高效，能根据职位要求设计考试的内容和方法，有利于选拔出更适合职位需要的人选，是目前世界上大多数国家普遍采用的一种选拔任用方式，也是委任制的主要替代制度。对其争议主要是考试的效度，即可能出现高分低能者，因为试题往往偏重于理论知识，对应试者的品德、能力等较难考察。

4.5.1.4 聘任制

聘任制是指用人单位通过合同形式任用公务员的一种任用形式。最大优点在于弹性化，可以吸引和留住需要的高级专业人才。因为这突破了传统的公务员职务常任理念，用人单位可以依据工作实际需要,灵活确定雇佣期限,协商确定薪酬待遇。其缺点是增加了公务员队伍的不安全感,也会影响已有专业人才的工作积极性。

4.5.2 西方国家公共部门人力资源录用制度

4.5.2.1 英国公务员考试录用

(1)考试类型

①公开竞争型考试。凡符合条件均可报考。②有限性竞争考试。实际上是晋升考试。③鉴定考试。主要是针对应试者的体格、性格等进行鉴定考查,并进行合格考试。④特种考试。

(2)报名条件与考试科目

不同级别或类别的公务员,报考的学历与年龄及考试科目不同。

(3)考试方式

采用两轮制。第一轮初试,主要是一天半的笔试。按上述科目进行。第二轮复试,主要是口试与实际操作技能测评。

4.5.2.2 德国公务员考试录用

德国国家教师资格证考试中表现性评价。它是以实际操作、书面报告、口头回答、实验、作品展示、演说等实践活动为载体综合评价学生所具备的知识、应用知识解决问题的能力,因此评价会更加全面,而且可以通过评价活动提供改进课程及教学的信息,促进学习者的学习和发展。从主要考察知识到通过实践综合评价知识、技能、情感、态度、价值观等,这是在教师资格考试中越来越多地采用表现性评价方式的主要原因之一。

(1)科研论文

申请者需要在规定的时间段内确定科研论文选题,一般由申请者和指导教师合作完成。申请者提交科研论文之后,由教育主管部门组织相关专家进行评定。

(2)口试

两次国家教师资格证考试的两次口试的评价内容、评价方式也存在差异。第一次主要综合评价申请者对学科专业、学科教学法等相关基础知识的掌握程度。第二次的程序和第一次相似,以萨克森州为例,不同之处在于:一是考试内容有所区别;二是教育法考试按每小组 3~4 人进行;三是考试时间为 30~45min,其中 15min 考教育法部分。

(3)课堂教学实践

主要是因为经过 1~2 年时间不等的教育见习之后,采取课堂教学实践评价更能全面有效地考察见习生教学技能的发展状况。鉴于课堂教学实践要在真实的课堂中进行,所以一般情况是考试委员会的专家到申请者所在的合作中小学进行现场评价。申请者一般最少会有两周的准备时间。

(4)校长评价

萨克森州的第二次考试中引入了校长评价。校长应在规定的时间内,通过课堂观察、调查访谈以及与对应的实习生指导教师交流沟通等方式对实习教师进行评价。校长评价主要从教学管理者的角度着眼并且按照规定实施。这需要在实习生指导教师评价的基础上进行,也就是整合了专业教学及教学管理等不同的视角和内容,因而其评价结果具有重要的价值,这也是该评价方式的意义与价值所在。

4.5.3 公共部门人力资源录用制度

4.5.3.1 我国公务员立法

(1) 公务员相关法规

我国公务员的相关法规包括:《公务员职务任免与职务升降规定》《人事争议处理规定》《公务员录用面试组织管理办法(试行)》《新录用公务员试用期管理办法(试行)》《公务员考试录用违纪违规行为处理办法》《聘任制公务员管理规定(试行)》《公务员公开遴选办法》《关于进一步做好选调应届优秀大学毕业生到基层培养锻炼工作的通知》《关于适应新时代要求大力发现培养选拔优秀年轻干部的意见》《公务员录用体检通用标准(试行)》《公务员录用体验操作手册(试行)》等。

(2) 任用形式

①选任制 我国《中华人民共和国宪法》《中华人民共和国选举法》及《中国共产党党章》等规定,国家权力机关、行政机关、审判机关和检察机关中由各级人大及其常委会会议选举或决定任命的人员,以及党政机关、政协机关中按章程选举产生的公务员,都实行选任制。

②委任制 我国国家行政机关工作人员的任用,包括各级国家权力机关对中央国家行政机关和地方国家行政机关主要负责人员的提名和任命,以及政府各部门领导机关对本单位各级行政负责人和普通工作人员的任用,一般都采用委任制的形式。

③考任制 1989年人事部、中央组织部联合发布的《关于国家行政机关补充工作人员实行考试办法的通知》首次确立了"逢进必考"这一基本准则,经过近30年的发展,考任制的适用范围不仅针对一级主任科员以下及其他相当职级层次的公务员,而且已扩展至面向社会公开选拔、单位内部竞争上岗等领导职务公务员。

④聘任制 《公务员法》设专章规定了公务员的职位聘任。其中规定,机关聘任公务员,应当按照平等自愿、协商一致的原则,签订书面的聘任合同,确定机关与所聘公务员双方的权利、义务。聘任合同经双方协商一致可以变更或者解除。到2015年7月,试行公务员聘任制的省份和城市包括广东、北京、上海、浙江、江苏、福建、四川等地,而作为我国首个公务员聘任制试点城市的深圳,在职聘任制公务员已经超过5000人。从试点情况看,聘任制公务员普遍能力强、素质高、态度好,许多人已成为所在单位业务骨干,与委任制公务员同工同酬并有均等的晋升机会,保障了他们的职业发展空间,有利于吸引和激励公务员长期、勤勉为政府服务;聘任制也有利于打破"铁饭碗",对委任制公务员队伍形成了"鲶鱼效应",在适度增加公务员职业危机感的同时激发了其工作动力、提高了管理效能。有研究在比较了聘任制公务员、人民法院聘任制书记员、政府雇员、特殊岗位公务员聘任、特殊职位公务员招考、乡镇干部选聘、领导职务聘任和机关辅助人员聘用8种制度后,提出了聘任制公务员制度建构要素有:职位设置(前提);科学招录(关键);职责规范(基础);合同管理保障(核心)。

⑤录用考试 公务员录用考试采取笔试和面试的方式进行,考试内容根据公务员应当

具备的基本能力和不同职位类别分别设置。笔试包括公共科目和专业科目。

公务员考试录用是指按照一定的标准和法定的程序，通过考试等方法从社会上选拔相应人员到机关担任一级主任科员以下职级的公务员，并与其建立公务员权利和义务等法律关系的行为。报考公务员的资格条件是具有中华人民共和国国籍；年龄为18周岁以上，35周岁以下；拥护中华人民共和国宪法，拥护中国共产党领导和社会主义制度；具有良好的品行；具有正常履行职责的身体条件；具有符合职位要求的文化程度和工作能力；法律、法规规定的其他条件；具备省级以上公务员主管部门规定的拟任职位所要求的资格条件。

⑥选调生制度　选调生是指组织部门有计划地从高等院校选调品学兼优的本科及以上学历的大学毕业生的简称。

按照所属系统不同，可分为党政选调生、法院选调生、检察院选调生、共青团选调生（如山东）、企业选调生（如广西）、人民武装选调生（如湖南）等。按照选调的对象不同，可分为应届（生）选调生和往届（生）选调生。从年轻干部的培养历来是对党和国家具有战略意义的重要工作，而选调生工作正是建立基层一线年轻干部培养链的源头性、先导性环节出发，选调生工作改革完善方案设计的基本思路是：

a."三个方面"工作的评估。"三个方面"包括选调生工作情况，即选调生政策出台、修订时的条件和设定的使命、任务在今天的变化和完成情况；选调生制度的实际运行情况；年轻干部、后备干部队伍建设情况，这其中又包括年轻干部、后备干部的储备量以及除选调生制度外的其他年轻干部、后备干部选拔培养方式的成效两个方面。

b.遵循"两个前提"，即不能脱离《公务员法》来设计选调生工作改革完善的方案，选调生工作理应模范地遵守和执行《公务员法》；不能脱离整个干部人事制度来设计选调生工作改革完善方案，选调生制度是干部人事制度的一个有机组成部分。

c.没有对大学生职业价值观的把握，任何选调生工作改革完善方案的设计都没有实际价值。

d.选调生工作改革的完善方案。根据以上3点，分析一个地方，如一省（市、自治区），或一市一县，就可以发现该地应基本符合如下3种情形之一：选调生政策当初出台时的条件现已不具备，设定的使命和任务也已基本完成；或者选调生制度的实际运行问题较多，且难以解决。不管选调生政策当初出台时的条件和使命，任务在今天的变化、完成情况，年轻干部、后备干部的储备量不足，或年轻干部、后备干部其他选拔培养方式成效不足。不管选调生政策出台时的条件现在是否具备，设定的使命和任务现在仍未完成，或有一定的年轻干部、后备干部储备量，或年轻干部、后备干部的其他选拔培养方式成效较为明显，且选调生制度实际运行的主要问题能够得以缓解。针对上述3种情形，选调生工作的改革完善方案相应确定为"终止""大改"和"小改"3种方案。

（3）职务任免

职务任免是任职与免职的统称，是指具有一定任免权限的机关，依照国家有关法律法规，在其任免范围内，通过法定程序，任命或免去公务员担任的某一职务的人事行政行为。其中，选任制公务员在选举结果生效时即任当选职务；任期届满不再连任，或者任期内辞职、被罢免、被撤职的，其所任职务即终止。

4.5.3.2 我国事业单位工作人员的公开招聘

（1）党内法规制度与国家法律法规依据

我国事业单位的人员招聘首先要遵循国家相关法律法规，在法律框架内进行招聘。如《北京市事业单位公开招聘工作人员实施办法》《国家税务局系统事业单位公开招聘人员暂行办法》《国家林业和草原局事业单位公开招聘暂行办法》等。

（2）原则

《事业单位人事管理条例》第二条规定：事业单位人事管理，坚持党管干部、党管人才原则，全面准确贯彻民主、公开、竞争、择优方针。

（3）程序

《事业单位公开招聘人员暂行规定》规定了事业单位招聘人员的程序：制订招聘计划；发布招聘信息；受理应聘人员的申请，对资格条件进行审查；考试、考核；身体检查；根据考试、考核结果，确定拟聘人员；公示招聘结果。

（4）聘用合同

聘用合同是事业单位与工作人员确定人事关系、明确双方权利和义务的协议。根据现行法律，《中华人民共和国劳动法》《中华人民共和国劳动合同法》关于订立书面形式劳动合同的规定应当适用于聘用合同。

【本章小结】

公共部门人力资源招募和甄选是人员"入口"管理的重要环节，直接影响到公共部门人力资源的质量和工作绩效水平。实施与组织人力资源战略管理相配套的职位设定和招募计划势在必行。为此，本章首先介绍了人力资源招募计划的制订方法；其次，介绍了招募的常用方式和甄选的常用技术；最后，对我国公职人员考试录用制度的沿革、我国现行的公务员考试录用制度、干部任用形式进行了详细介绍。本章的学习重点是人员招募甄选的技术与方法。

【关键术语】

职位空缺　招募计划　需求预测　供给预测　内部招募供给　外部招募供给　招募甄选　评价中心　考试录用

【复习思考题】

1. 简述人员招募计划的作用及内容。
2. 简述人员招募甄选的含义、意义及方式。
3. 简述人员甄选的技术和方法。
4. 简述我国公务员考试录用制度的原则及其程序。
5. 简述公务员的任用形式。
6. 简述竞争上岗的一般程序。

第5章 公共部门人员绩效考核

5.1 公共部门绩效考核概述

公职人员是公共组织招聘和聘用的员工，组织通过绩效考核促进其发展。实施注重业绩的绩效考核制度是实现公共部门战略目标的一个重要保障措施。良性的评价、监督体系会激发工作人员的积极性，也会在一定程度上帮助提升员工业绩。对工作人员进行绩效考核，不仅能引导个人发展的正确方向，也能帮助员工发现自身缺点，明确与组织目标之间的差距，同时争取本组织的支持，最终为组织制订人力资源管理政策提供客观基础，形成工作人员与本组织之间的良性沟通与和谐的关系；有效地指导工作人员作出有利于组织的行为决定，并可提高本组织的效力；提高工作人员的专业水平，促进本组织的健康发展，最终造福于本组织和工作人员。绩效考核与本组织的战略有关，有效执行这一制度有助于协调工作人员的行为和战略目标。有效的工作人员绩效考核制度将有助于建立良好的业绩管理制度，促进本组织与工作人员之间的互动，为本组织和工作人员的共同发展提供动力。

5.1.1 绩效的含义

绩效是本组织活动的预期成果，包括效率和效果。效率是衡量产出和投入之间的关系，效率提高意味投入减少，这意味着本组织的总体目标得以实现。

目前对绩效的定义有3种基本观点："绩效是结果；绩效是行为；绩效不再是历史的反映，而是强调员工潜能与绩效的关系，关心员工的素质和未来的发展。"绩效不仅仅取决于你做了什么，但也包括你如何做到这一点，即：结果（你所做的）+行为（你如何做）=高绩效。

一般来说，绩效是指组织期望的有价值的结果。为实现其有效的增值目标，在不同层次上创造了产出需求。

5.1.2 绩效考核的含义

绩效考核的定义如下：
①衡量效率和成效指标的实现情况。
②组织的成员资格。
③通过系统的方法和原则来评估和衡量工人的工作对其工作岗位的行为和影响的制度。
④在员工管理制度的第一部分，考察者应观察和记录被考察者日常履行职责的情况，并根据事实，对照规定的目标对被考察者进行评估，以达到培养、发展和利用组织成员能力的目的。

结果评价是指人力资源管理部门和上级管理部门通过各种技术或方法，收集相关信息，建立衡量指标体系，制定劳动标准，客观评价劳动者的行为能力、工作关系和状态，以提高组织的生产水平的管理控制过程，根据规定的绩效评估目标进行行为和标准化测量。

5.1.3 公共部门绩效考核的目标

绩效考核有两个基本目标：维护和发展组织；管理员工个人。维护和发展组织旨在实现公共部门的战略目标，管理员工个人旨在实现人力资源管理。

（1）以实现公共部门战略目标为目标的绩效评估

为了实现公共部门的战略目标，绩效考核是本组织工作的重心。它是组织提高生产力和价值，从而提高竞争力的重要工具。对组织中员工的绩效进行评价，可以提高整个组织的绩效，提高组织的生产效率，从而获得竞争优势，实现组织的战略转型，确保公共部门将短期目标与长期目标联系起来。

这种绩效考核是基于战略管理和目标管理的理念，着眼于"事"，提高绩效。工作目标的实现情况是考核的内容，除非情况特殊，否则目标的实现水平通常具有挑战性和渐进性。为实现公共部门的战略目标，绩效考核提前规划未来工作预期和成果，注重未来绩效。也就是说，在这种考核中，上级和下级事先就考核项目或基准进行充分沟通，并定期讨论目标的进展情况。

（2）以实现人力资源管理为目标的绩效考核

绩效考核是以实现人力资源管理为目的，对员工的工作绩效和发展状况进行评估，挖掘员工的晋升潜力，并据此规划个人职业生涯。准确地说，人力资源管理可以通过以下几个方面的绩效考核来实现：①为上级提供衡量员工优劣的手段；②为员工提供定期与上级沟通改进绩效的渠道；③提供工资或绩效奖金调整依据；④提供奖惩依据；⑤为晋升或降职提供依据；⑥人才的开发与培养；⑦帮助员工进行职业规划。

通过绩效考核实现人力资源管理主要有3个功能：绩效考核、监督和激励。但由于它也是对员工绩效的评价和认可，是组织实施奖励和纪律处分的基础，因此它具有激励作用，可以使员工感受到成就感和自豪感，从而提高绩效。绩效评估的结果是员工晋升和离职的重要标准。由于绩效评估可以用来评估员工的技能和发展潜力，因此绩效评估对于员工的培训和发展非常重要。通过绩效评估，可以发现员工的优势和劣势，保护和发展员工实力，指导和培训员工。对于培训工作，绩效评估不仅可以确定培训需求并据此制订培训计划和措施，而且可以验证培训计划和措施的有效性。

5.1.4 公共部门绩效考核的意义

（1）激励员工改进绩效

在没有绩效评估的情况下，一方面，员工的工作数量和质量无法有效衡量，因此，不能期望他们的努力水平与组织目标和个人发展相联系；另一方面，绩效评估为员工提供建设性的反馈或批评改进。良好的员工绩效评估所提供的激励措施将显著提高员工的生产率和组织的竞争力。可以让员工意识到，通过努力他们可以取得良好的绩效考核结果，这将提高组织的工作效率和水平。

（2）加强管理层和员工之间的沟通和反馈

在指导员工做什么之后，管理者有责任将绩效与通过绩效评估机制制定的绩效标准联系起来，绩效评估将对组织管理层的期望产生强化作用。许多研究表明，对管理工作的理解反过来会使员工更好地合作和参与管理，而评价和反馈过程会使员工更好地理解组织。同时，从员工的绩效评价可以指导员工的行为，通过评价和反馈，员工可以明确工作中的成绩和不足，以及与组织目标的偏差，为员工的工作改进指明方向。

（3）促进本组织成员的发展

绩效考核可以通过考核挖掘员工的潜能，将员工调到更具挑战性或更能发挥潜能的岗位，使员工获得工作成果。此外，绩效考核强化了员工明确的工作要求，增强了员工的责任感，促使员工提高其自我管理能力，明确了员工需要做些什么来更好地满足组织的期望。

（4）帮助制订和改进人事决策

在绩效考核的基础上，管理者对晋升、任用、调动、辞退等人力资源作出总体决策；绩效考核的结果可以用来确定培训和发展需求，确定提高技能的方法，这些技能还可以为评估员工招聘和发展计划提供有效的标准。

5.2 公共部门绩效考核内容

5.2.1 公共部门绩效考核指标选择导向

在20世纪70年代，绩效考核标准的选择通常是由员工自身的素质和性格等因素决定的，如忠诚度、勤奋、判断力、分析能力、与人共事的能力和创造力。然后根据可能的质量表达方式，对质量特征（优秀、良好、中等、差或五级评分系统）进行纵向分类。

该方法选择的考核内容相对简单实用，节约了成本，在一定程度上反映了员工的素质。但这种考核方式也有许多不足之处。首先，员工自身性格与素质只能反映个体特殊性，并无研究表明这与员工的工作能力和绩效考核结果之间有很强的关联性。其次，评估结果的可靠性不高，原因是评估人员对质量因素的理解不尽相同。如果两位领导者对忠诚度的内涵和外延的理解不一致，将影响对评估量表的理解，从而使得导致被评估员工得到不令人满意的考核结果。最后，人格特质的比较评估没有为员工提供建议产生多大帮助，因为他们无法确定什么是令人满意或不满意的绩效，也无法提出需要改进的建议。

在过去的几年里，现代公共部门人力资源管理对员工绩效考核体系进行了大量研究，并逐步采用了完善的绩效考核指标体系。该方法具有以下特点：

①在继承传统个人素质评价的优点的基础上，评价内容仍被视为评价指标体系的一部分，重视在考核标准的内涵和外延方面评估者和被评估者达成共识。改进后的指标侧重于衡量员工各种工作行为和行为的结果，考核内容更侧重于员工在活动中的实际表现和工作成果。工作质量标准来自于工作分析中对职位要求的详细描述，目标是使得测量标准更加统一、客观。

②为了体现绩效考核体系的精神，现代员工绩效考核更注重行为绩效考核，即绩效管理。它将绩效作为员工甄别与发展的主要基础，人力资源管理提供了更明确的标准。近年来，各国绩效考核的比重和力度都有所提高。

③将员工个人评估纳入组织目标管理，现代公共部门人力资源管理将绩效管理纳入目标管理体系，促进人的发展与组织战略目标相结合，使其成为公共部门管理体系的重要组成部分。

5.2.2 绩效考核的内容

绩效考核的内容主要分为：工作能力考核、工作业绩考核、工作态度考核以及潜力考核。随着人力资源管理在组织中的地位日益重要，为实现一定人力资源管理目的，人们还将潜力考核纳入员工绩效考核系统中。

5.2.2.1 工作能力考核

工作能力是从事本职工作所需具备的基本能力和应用能力，通俗地说，就是员工对于完成其职责范围内的工作所能使用方法的多寡和好坏。工作能力包括体能、知识、智能、技能等。

（1）体能

体能取决于年龄、性别和健康状况等因素。

（2）知识

知识取决于受教育程度、经验等因素。

（3）智能

智能包括记忆、逻辑分析、综合、判断、创新等能力。

（4）技能

技能包括操作、表达、组织等能力。

5.2.2.2 工作业绩考核

工作绩效是员工绩效的直接结果，考核内容以工作效果为导向。关注"做了什么"，关注结果而不是行为。评估过程不仅要解释各级员工的工作完成情况，更重要的是要指导员工有计划地改进工作，以满足组织发展要求。

（1）责任（负责人）

责任是指岗位或部门为实现部门或组织的目标，以结果为中心而必须完成的任务。

（2）目标

目标直接反映了工作的顺序，描述了在一定条件下和一定时间内取得的成果。

（3）指标

指标是衡量任职者业绩的标准，重点是产出和成果，而不是投入或努力。

（4）任务

任务是员工要完成的工作。

（5）成就

成就关键成果领域是重要的活动领域，在这些领域，成就决定或表明成功。

工作绩效是考核的关键，因为工作绩效考核只是员工绩效考核的直接结果，不是工作过程的直接结果。评估标准容易制订，评估容易实施。这种评估在短期和绩效上都有缺陷。它更适合从事特定生产操作的人员，但不适合事务性工作人员。

5.2.2.3 工作态度考核

工作态度主要是指纪律性、协作性、主动性、服从性、执行性、责任性、专业性、团队精神等。这些都是影响工作能力的个体因素，即高工作能力并不一定导致高绩效。个人必须有良好的工作态度，并得到内外部条件的支持，才能获得高绩效。绩效考核应增加员工工作态度考核，鼓励员工充分发挥现有工作能力，最大限度地创造优秀的工作成果。

5.2.2.4 潜力评估

绩效考核不再仅仅是"回顾"和"评价历史"，它开始强调员工潜能与绩效的关系，关注员工素质，关注发展。未来，公共部门的人员构成中，知识型员工占一定比例，他们的工作具有创新性，通过不断试错实现工作技能提升，因此，潜力评估弥补了只检查结果的缺点（仅基于当前正在做的事情），并将重点放在未来可以做的事情上。员工的工作能力评价是对员工能力的评价，是对员工绩效的反映。而潜力评估的重点是那些没有机会在工作中发挥作用的员工的能力。

5.2.3 公共部门人力资源绩效考核的内容

根据功绩原则，许多国家的公共服务体系都将员工在实际工作中的态度和行为视为绩效考核的核心内容。估价美国和美国的公务员评价体系通常包括 2 方面：参与（工作态度）和绩效考核（工作成果），我国《公务员法》第三十三条规定了公务员考核的内容。根据管理权限，对公务员的品德、能力、勤勉、绩效、廉正、诚信进行综合评价，重点对公务员的绩效进行考核。道德是指公务员政治品质的表达；能力指公务员在履行职责时必须具备的专业知识和技能；勤勉是指公务员在工作中的态度、热情和效率；绩效是指公务员工作成果的有效性和贡献；廉正是指公务员的廉洁和自律程度；诚信是指公务员的思想道德品质。

公务员绩效考核的主要问题是指标设计的粗糙度，即缺乏详细的指标设计，"定性多于定量"。我国公务员队伍庞大，人数众多，岗位种类繁多，岗位层次复杂，如果每一个维度都不够详细和具体，评价结果将是粗糙和不可靠的。目前，考核体系中规定的道德、能力、勤勉、绩效、诚信 5 项标准公共服务只是原则性的，绩效评估标准过于笼统。虽然有些部门已经下发了细则，但由于工作性质和工作特点的不同，各部门与被考核人之间没有可比性。评估标准过于笼统往往导致评价结果失真，严重影响评价的公平性和有效性。

5.3 公共部门绩效考核流程

5.3.1 公共部门绩效考核主体

评价主体的多样性有利于获得更好的评价结果。

5.3.1.1 上司评价

在组织中，上司考核是最直接和最常用的考核方式。一般来说，优秀的主管比其他任何人都更了解下属的工作和行为，因此评估更有真实性和针对性。这种评估方式也有缺陷，例如，许多领导难以辨别每个下属所做的贡献。此外，在 20 世纪 90 年代，许多组织开始建立自我管理的团队、电子通信等组织手段，扩大了主管和下属之间的距离。这样一来，上级更难于了解员工的具体的行为绩效，从而做出合理的评估。

5.3.1.2 自我评估

使员工能够评估自己的工作绩效符合自我管理和授权的概念，这通常是员工管理的一个重要组成部分。这有助于消除员工对评估过程的抵触情绪，并能有效激励员工及其主管讨论绩效。然而该方法的评价结果容易偏向主观，不可避免地存在偏差。此外，自我评估的结果往往与上级的结果相差很大，无法公正的参考。因此自我评价应当更多地应用于员工的自我发展计划，而不是绩效考核。

5.3.1.3 同事评价

同事评估是最可靠的评估数据来源之一。这是因为：首先，同事之间日常的工作生活接触使他们能够全面了解与他们共事的同事的工作绩效。其次，上级只能给下属提供一个评价意见，而同事可以提供多种独立的评价意见，综合评价比一个评价更可靠，但另一方面，同事之间可能出于利益关系或者朋友关系，无法给出一个无偏见的公正评价。

5.3.1.4 下属考核

绩效考核的第四个来源是员工的直接关系，下属的考核一般不常用，但符合诚信价值观。直接报告的评估可以提供关于管理者行为的准确和详细的信息，因为评估者和评估者之间的联系非常频繁。这种评估方法的明显问题是下属害怕因给予领导较低的评价而受到报复。因此，如果要获得准确的评价结果，就必须在评价中采取匿名的形式。

5.3.1.5 公众评估

公共部门公众是公共部门所服务的客户。公众对提供公共服务的公共部门来说，是一个极其重要的评估主体，因为公众不完全了解管理标准和要求，所以他可以跳脱出官僚体制之外，从服务对象的角度提供有用的评估信息，以确定公共部门雇员是否提供了有效的服务、服务是否令人满意以及服务要素是否不足。公众将根据他们的期望和经验及感受进行评价并给出改进绩效的方向，这使得公共部门的工作可以朝向更加实际和有效的方向调整。然而，由于公众不是组织的雇员，公众评价在具体操作中存在一定的困难，因此评价工作相对费时费力，评价成本也较高。这项评估只适用于与公众关系最密切的公共部门雇员。

5.3.2 绩效考核的基本流程

公共部门的业绩评估是一个复杂和连贯的过程，包括 4 个阶段：准备、绩效衡量、绩效反馈面谈和制订绩效改进计划。

5.3.2.1 准备

绩效考核是一个非常复杂的过程，绩效考核的准备阶段为下一步的工作铺平了道路，准备工作的好坏直接影响整个组织的成败。绩效评估的实施，必须进行以下准备工作：

（1）制订评估方案

评估方案包括确定评估目的和目标、评估时间、评估对象、评估范围、评估方法等。

（2）确定评估目的

以上5个考核对象都可以成为考核人，但必须成立考核小组，确定责任人和人员，并确定此次评估的目的。

（3）培养评估主体意识

全部评估人员必须接受专业培训，然后才能进行正式评估。培训的目的是让评估人员了解绩效评估的目的、功能和原则。了解绩效考核内容，掌握考核操作方法和考核沟通技巧，识别和预防考核中的错误。

（4）发布考核信息

使组织和员工在绩效考核问题上达成思想共识，使考核人员充分准备好积极参与绩效考核。

5.3.2.2 绩效衡量

为了有效地衡量绩效，必须满足以下3个基本要求：①衡量必须与绩效标准密切相关；②对给定样本的衡量必须足以代表整个人群；③衡量必须清楚、准确。一般来说，绩效标准是在最后一个绩效评估周期之后制订的，通常是员工的工作计划、工作的目标或任务书。上一次员工绩效评估后制订的绩效改进计划应作为绩效标准，并根据这些标准对员工进行评估。

根据公共部门的情况，可以同时或分别评估每个服务的结果。从第一次实施开始，建议持续进行，由人力资源管理部门进行监督，最好从下到上推动绩效评估。评估可以从自我评估开始，然后是对员工的相互评估，最后是上级的评估和反馈。完成上述工作后，进入绩效反馈访谈阶段。

5.3.2.3 绩效反馈面谈

绩效反馈面谈是绩效考核的重要组成部分。在实践中，许多组织忽视了反馈访谈，这影响了评价的最终效果。绩效反馈面谈主要任务是使评估结果得到认可，客观地认识自己和改进工作，这是绩效评估的基本目标。绩效反馈面试为考官提供了一个解释或补充的机会，了解其绩效与组织期望的一致性，并改善绩效与组织期望之间的关系。

绩效反馈面谈通常由评估者和被评估者分别进行。《沟通程序》建议采用"三明管理法"，即首先，肯定评估人员的绩效，就评估人员的绩效达成共识；其次，指出存在的不足，并指出需要改进的地方；最后，鼓励被评估人员找到自己的优点，从而积极激励员工纠正差距。人们往往有一种自卫的本能，阻止他们接受他们不想听的信息，为了提高评估的反馈效果，反馈面谈要注意技巧。

5.3.2.4 制订绩效改进计划

前三步只能是发现问题，第四步是绩效考核的重要组成部分。他们的任务是解决问题，制订下属绩效改进计划。在确认成绩的同时，绩效评估更重要的是培训、指导和审查。绩效改进计划是为员工在未来工作中制订的一系列新的绩效标准。

我国公务员年度绩效考评程序是：首先，由公务员进行总结；然后，由相关领导在听取公众意见的基础上，对考评工作提出意见和建议。经评审委员会或评审组评审后，部门负责人确定评估结果。评估结果必须以书面形式传达给被评估者，考核结果应记入本人档案，作为奖惩依据。

5.3.3 绩效考核偏差及控制

绩效考核作为主体对客体的评价过程，即使人事部门建立了客观量化的评价指标，仍然受到主体主观感受的影响。也就是说，考官的价值观和态度、思维方式、感性特征和局限性都会影响评价过程。这使得人们对评价因素有了不同的理解和定义，对评价因素赋予了不同的权重。另外，在某些利益的驱使下，在评价中往往会出现一些感性的偏差，对评价产生负面影响。

5.3.3.1 从众心理

由于受外部环境压力的制约，评估者放弃了自己的看法，在考核中采取"随大流"的方式。这种现象经常发生在下级对上级领导的考核中。

这种错误的结果是更多地谈论优点，而少谈论缺点，甚至不谈论缺点，从而使评估仅是形式上的，被评估者无法理解人们的真实思想和观点，从而无法改善他们的工作。避免这种错误的方法通常是在评估前加强培训，减轻评估人员的顾虑，或者在较低级别的评估中及时采取匿名的方式。当然，这应该设计合理的考核机制，避免下级报复性评估，扭曲考核结果。

5.3.3.2 均方误差

考核主体不愿意或没有表现出被考核人员工作绩效的差异，而是将被考核人员的绩效集中在同一水平的分数限制内，导致考核结果趋于平均。一方面，造成这种错误的原因是公共部门的产出客观上是合作的，难以衡量；另一方面，主观上，考官害怕突出差异从而带来矛盾，热衷于平衡，任何人都不应该太突出。因此，考核的激励功能丧失。为了克服这一缺点，我们应该明确界定各种评价要素及其等级，必要时，应提前明确考核结果的分配比例，采取绩效分配约束的方法。

5.3.3.3 优先与近因效应误差

这是人们在判断事物时由于感知能力的限制而产生的一种有意识或无意识的错误。优先效应是将最先接触的信息作为重要信息，而忽略了后获得的信息的价值。近因效应是将最近发生的事件和记忆最清晰的事件视为最重要的信息，而不考虑时间范围。这些感知偏差将给评估带来一些负面影响。它侧重于某个方面，阻止评估者客观、完整地认识和评估被评估者，偏离被评估者的真实表现，并可能造成不公平的结果。为了避免这种错误，考官必须了解和掌握考生在整个考核期间的相关信息，对考生在整个考核期间的表现作出全面的评价。

5.3.3.4 光晕效应误差

当一个人在某一方面拥有明显的优势时，人们会错误地认为他在其他领域也具有相同的优势，这是光环效应。由于思想价值观念的影响，评估人员经常专注于事物的某个方面，人为地扩大其作用，甚至将这一特征推广到其他方面或所有事物，以为他们已经了解了事物的本质。这不仅会产生上述优先效应和近因效应的错误，还会人为地夸大或低估事实，扭曲真实情况，使评估结果缺乏可靠性和真实性。要避免这种错误，评估者应认真评价考生工作的方方面面，避免一概而论。

5.3.3.5 刻板印象误差

刻板印象通常被称为偏见，是指过去的经验和思想，即使过了很长时间，依然持有固有观念，以僵化、片面的思维方式去评估，这一定会影响着评估结果的正确、客观和真实。为了避免这种错误，应克服心理障碍，用发展的眼光看待被评估者。

5.3.3.6 自我比较误差

评估者不自觉地将与自己进行比较，以自己为标准来衡量被评估者，会产生自我比较错误。这种错误可能扩大考生的缺点或夸大其优点。考生在进行自我比较时，更倾向于对在某些方面（国籍、籍贯、学历、专业、母校、兴趣）与自己相似的人给予更有利的评价。避免这种错误的方法是细化和量化考核内容和标准，要求考核人员严格按照考核要求进行考核。

5.3.3.7 盲点误差

考生由于自身的缺点看不出考生也有同样的缺点，从而导致盲点错误。为了弥补人们认知的局限性，减少考核失误的发生，一方面，考核者应寻求更科学的考核方法，综合运用多种标准，提高绩效导向型考核标准的比重；另一方面，要更加合理地组织实施评估，针对不同的评估对象选择不同的评估方法，对评估人员进行培训。

5.4 公共部门绩效考核方法

5.4.1 系统性绩效考核方法

5.4.1.1 自我报告法

自我报告是一种以书面形式总结和评估工作的方式。此方法更适合管理人员的评估，评估次数不应过多。自我评估包括总结工作期的结果，积极地反映和评估自己的绩效。

自我报告法通常允许被评估者填写自我评估表，根据职位要求审查他们的一段工作时间，列出未来计划，列出 1~3 个评估期内有重大贡献的工作成果，以及 1~3 例失败事件，给出相应的原因并提出改进建议。自我报告法通常在年底进行。

5.4.1.2 绩效评估表法

绩效评估表法是一种应用广泛的绩效考核方法，因其简单快捷而被广泛使用。采用评分表，根据评价指标对员工进行评价，判断绩效，评价等级。成绩通常分为几类，通常是 5 或 7 级，也可以用形容词来定义，如优秀、一般或差。绩效考核表之所以流行，是因为它简单快捷。

5.4.2 非系统性绩效考核方法

5.4.2.1 关键绩效指标法

企业员工绩效管理面临的难题之一是难以确定客观和定量的绩效标准，这在一些非企业组织中尤为明显。

因此，在评估绩效时，关键绩效指标（KPI）是标准化的定量或行为系统，用于传达和评估被评估者的绩效，基于这些 KPI 的绩效评估可确保鼓励对组织做出真正贡献的行为。KPI 使目标量化易于测量，并且因其易于理解的特点而广受欢迎。关键绩效指标的主要特征如下：

① KPI 是用于评估和管理被评估人绩效的标准化量化或行为系统。换句话说，KPI 是一个标准系统，必须是定量的。如果难以量化，不能满足定量和行为特征，则这不是合适的 KPI。

② KPI 是反映为组织发展目标增加价值的工作成果的绩效指标，意味着 KPI 是个人绩效和组织目标之间的桥梁，基于 KPI 的绩效管理可以确保有助于组织的行为得到鼓励。员工和经理可以承诺满足 KPI，从而可以传达工作期望，工作绩效和未来发展。KPI 是绩效沟通的基石，管理人员和员工可以以此为基础进行沟通。KPI 的制订不仅应基于组织的战略目标，而且还应考虑评估过程、结果和监控，在实施之前必须进行一系列测试以确保 KPI 的客观性、兼容性和量化。

5.4.2.2 平衡计分卡

平衡计分卡（balance score card，BSC）是将组织战略目标与绩效管理链接的一种工具，即借助于平衡计分卡，组织将全局、宏远的战略意图转换成为可以看见、可以识别的绩效指标，以指引和激励员工预期行为并促成组织和员工个人的绩效。

平衡计分卡由美国哈佛商学院教授罗伯特·卡普兰和戴维·诺顿于 1992 年提出，被《哈佛商业评论》称为 75 年来最具影响力的组织战略管理工具。平衡计分卡通过财务、顾客、内部流程、学习与成长 4 个维度，将组织战略目标分解为相互关联、相互支持的绩效计划和管理体系，并有机融入绩效反馈以及考核激励中，以此推动各个部门、各个成员自觉实现预定的绩效计划。因此，平衡计分卡是现代组织员工绩效考核的来源和基础。

（1）平衡计分卡的考核标准

一个好的平衡计分卡应该体现出组织的战略，可从以下 3 个方面对此作出考核：

①因果关系　平衡计分卡所包含的每一个考核指标都应与组织的战略发展方向具有因果关系。

②驱动因素　常用的财务指标往往可能滞后，而绩效因素即各种业务指标（主要指标）则反映了评估者基于战略的行为改变。一个一个平衡的记分牌应该有 2 个指标，包括先行指标和滞后指标。

③财务因素　目前很多机构已经放弃了原有的片面重视质量、客户满意度等的财务评价体系指标。的确，尽管这些指标确实具有战略意义，归根结底应该与财务指标挂钩。

（2）平衡计分卡的基本程序

①说明愿景　最高管理层要将组织的使命和战略变为有用的行动指南，必须要得到众多中层管理者的认同和支持。所以最高管理层要尽量将组织愿景阐述清楚，让组织成员认同愿景，并将愿景融入自己的工作。

②沟通　沟通的目的就是管理者能在组织中就战略要求进行上下沟通，并把它与各部门及个人的目标联系起来。沟通的关键任务就是要使各个层次的员工能理解长期战略，

使部门及个人的目标与组织战略保持一致，部门及个人的目标服务于组织战略。

③业务规划　按照沟通达成的共识，将业务规划与财务计划统一起来。以平衡计分卡所制订的目标作为分配资源和确定优先顺序的依据，规划出能推动组织实现长期战略目标的新举措。

④反馈与学习　反馈与学习可以帮助组织不断进步，能够修改和调整战略以随时反映学习所得。可以从财务、顾客、内部流程、学习与成长4个方面监督组织在战略实施中的短期结果。

（3）在公共部门中运用平衡计分卡应注意的问题

①平衡计分卡在公共部门中运用与在企业组织中运用的区别　与平衡计分卡在企业中使用的4个基本层面相比，4个层面的公共部门指标体系是经济指标（财税）、社会公众、公共部门内部流程的管理水平以及公务员。在这个系统中，"使命"位于公共部门平衡计分卡的顶端。与企业追求股东价值的终极目标相反，公共部门服务于为公众提供良好的安全环境、保护弱势群体等高层次目标。

战略仍然是公共部门平衡计分卡的核心，包括围绕财务层面、客户层面、内部业务流程层面以及学习和员工成长各个层面建立指标体系。公共部门平衡计分卡更加关注客户方面。从使命的角度看，公共部门更关心公共利益，而不是股东和其他利益相关者的利益。相对于私营部门来说，财务维度虽然留存，但重要性降低。公共部门的活动像企业一样也需要财务资源。在公共部门平衡计分卡模型中，财务维度可以看作是客户维度的增强。同时，这也是组织运作的限制因素，要求公共部门以最低的成本提供服务，也就是说，组织必须解决如何控制成本并努力为客户创造价值的问题。与企业相比，公共部门的内部业务流程维度和员工学习增长的维度并未发生根本变化，其指标的制订遵循相同的原则。需要解决的问题仍然是：要实现公共利益，组织需要擅长哪些关键内部流程？组织如何发展和转型以满足持续改进的需求？

②在公共部门中具体运用平衡计分卡时应注意的问题

a.平衡计分卡应将公共部门绩效管理与公共部门战略管理紧密联系起来。组织应以明确、简单的方式描述战略，以便在组织的各个层级体现战略目标。因此，平衡计分卡本质上是一个战略管理体系。使用平衡计分卡，有必要将本组织的战略目标分解成不同的层次，并与本组织内各部门、工作组和个人的目标达成一致，在这些目标中，个人的利益服从于本组织的利益。

b.平衡计分卡所揭示的4个方面的指标存在明确的因果驱动关系。但在公共部门内部，针对不同类别的职位系列或个人分别列出这4个方面的指标并不容易。所以，不必每个职位系列都涵盖这4个方面的指标。

c.在实施平衡计分卡之前，需要确定相应的制度体系是否健全，包括财务会计系统的运行、内部信息平台的建设、工作职责的划分、财务会计信息系统的管理等，以及与绩效考核相关的业务流程和其他人力资源管理环节。

5.5 公共部门绩效结果应用

5.5.1 公共部门人力资源绩效沟通与改进

5.5.1.1 绩效沟通的概念

沟通是指多主体之间信息思想交换与传递的过程。著名的管理学家巴纳德（Chester Barnard）、法约尔（Henry Fayol）都把沟通视为管理中的关键之处，都认为在一定层面上来说，实现了有效的沟通，就实现了有效的管理。

绩效沟通，简而言之，就是相关绩效信息的沟通。参与绩效管理的主体通过适当的方式将相应的绩效信息传递给其他参与绩效管理的主体，以获取各方对具体信息的评价和反馈。目的是将初步制订的绩效信息在信息传递目标和计划的过程中更为实际、具体地实施，最终促进绩效管理水平的提高。绩效沟通的定义主要针对组织及其内部员工。作为公共部门，政府绩效管理的使命、内容、主体和形式不同于私营部门，私营部门的内涵和外延更广、更丰富、更复杂。在某种程度上，政府绩效与私营部门绩效的本质区别在于：私营部门绩效是其内部事务，是其自身事务，也有其自身的领导和控制；作为公共部门，政府绩效不是其自身内部事务，相反，它与公共责任、公共利益、公共资源密切相关。这也决定了政府绩效传播活动的范围不一定局限于政府本身，也不一定局限于上下级。具体而言，是指将相关绩效信息传递给其他主体，以获得对方的回应和评价。在多方参与绩效信息传递的过程中，可以更好地实现绩效计划和目标，从而提高政府绩效。

5.5.1.2 绩效沟通的过程

（1）关于提高干部职工工作绩效的沟通

在整体绩效管理活动中，管理活动的参与者之间始终存在着提高自身绩效水平的沟通，但在绩效监控阶段，关于改进自身绩效活动的沟通，或在绩效考核阶段公布考核结果的沟通，不如在绩效反馈阶段那么多。在这一环节中，反馈的目的是使组织内的员工能够在这一工作阶段明确自己的优势和劣势，不断发现自己的不足，进一步提高绩效，为下一阶段的工作做好充分的准备。在这方面，现阶段的沟通应侧重于提高员工绩效的措施、未来的培训和指导以及修订员工发展计划。

（2）收集管理机构对上下级工作的建议

在绩效反馈阶段，沟通的另一个重点是收集对他人工作和组织整体目标的合理化建议。在全面的绩效管理活动中，管理主体往往不能清晰地认识到自身的不足和缺陷。因此，在绩效反馈沟通阶段，绩效管理主体不仅要提高自身的绩效水平，还要对他人的工作提出合理化建议。在这个阶段，可以是部门领导向他管理的部门成员提出建议，也可以是部门员工对部门领导的不足提出建议。但是，管理机构在相互沟通时应保持平等包容的态度，不应因管理层次不同而相互抵触或打击报复。为了提高组织绩效管理水平，实现绩效目标，需要多方管理主体共同参与。

（3）收集改进组织目标的建议

在绩效计划阶段，绩效管理的相关主体将就绩效计划的目标、内容、职责和评估标准达成共识，并制订符合总体要求的组织绩效计划。通过沟通达成对绩效结果的共识，并通过反馈信息指导下一个绩效周期。但是，这个绩效计划仍然是以上级设定的整体绩效目标为基础，然后与每个组织的个人层层分享。在这种情况下，高层在制订组织目标计划时，会缺乏一线信息和最实际的情况，在制订计划和目标时，会缺乏更实际的操作计划和操作方向。而且，在制订绩效计划之初，无法预测随后的具体问题。在绩效管理过程中，绩效监控的方式可以在一定程度上保证整体初始绩效计划的稳定实施，但并不意味着初始绩效计划中没有实际问题。在绩效反馈阶段，管理主体也应该把自己放在绩效管理中，以避免在接下来的绩效管理活动中出现同样的问题，组织应该吸收这些意见并加以总结。

5.5.2 公共部门人力资源绩效考核结果用途

在公务员制度中，绩效考核的结果有很多用途。这些用途不仅包括一些类似于企业的人事决策，还包括行政系统固有的层级，这使得这些考核结果对于确定员工的职位和水平非常重要。

5.5.2.1 薪酬的分配和调整

这是广泛使用的绩效评估结果。一般而言，为了提高薪酬的激励效果，部分薪酬应与员工薪酬体系中的绩效挂钩。如果评估结果令人满意，可以增加工资。

在这种情况下，不仅有可能提高工资水平，而且有可能提高职位和等级。我们的国家，在本任期内连续两年经年度考核合格或以上的公务员，将被提升到高于其工资标准的工资水平。同时，晋升职位和职级的官员将在这些职位上获得更高的报酬。对不称职的公务员，相应的工资应当减少。

5.5.2.2 级别调整

优秀的员工可以晋升行政级别，不合格的可以降低行政级别。公职人员的工资水平也作了相应调整。相关法律法规指出，国家公务员连续三年被确定为优秀，或者连续五年被确定为称职的，将在本职等内晋升一级，级别工资相应提高。

在公务员系统中，绩效考核的结果有多种用途。这些用途不仅包括与企业类似的一些人事决策，而且，行政系统固有的等级性使得这些考核结果对于确定员工的职务、级别等显得十分重要。

5.5.2.3 职位变动依据

若员工在某一领域表现突出，他就可以承担更多的责任。员工在某些方面表现不佳，他所担任的职位很可能不适合他。职务晋升对公务员的激励作用最大，因为职务晋升是一个复杂的过程，影响着权力、荣誉、地位、职级、职务等一系列因素。一般来说，职位晋升后，相应的行政级别会提高，工资也会相应调整，反之亦然。

5.5.2.4 员工选拔和培训的标准

绩效评估结果可用于衡量招聘和培训部门的绩效。被选中员工的实际绩效考核结果良好，那么招聘工作就是成功的；否则人力资源获取的标准或方法就存在问题。绩效评估结果也可用于验证培训效果。在培训结束后的一段时间内，绩效得到改善或显著提高，则培训有效；如果绩效没有培训没有产生预期的结果，则应当改进培训方式。

5.5.2.5 奖惩依据

绩效考核的结果与奖惩措施相联系。员工的奖惩直接影响到员工日后工作的积极性。

而且,处罚措施会影响今后对被处罚员工的评价,过低的绩效水平甚至会影响组织与员工的关系。

5.5.2.6 员工培训和发展绩效改进计划

这是绩效评估结果最重要的用途之一。通过绩效评估,员工可以找出他们擅长的地方和不擅长的地方,这是未来培训和发展的空间。表现优秀的员工甚至可以得到更好的培训机会,这也是一种奖励。

【延伸阅读】

中美两国高级公务员绩效考核指标比较

对比中美高级公务员绩效考核的内容和指标,可以看出两国在考核内容设计方面的不同文化认知。

1. 客户理念

在美国高级公务员"结果驱动"(result driven)这一行政资格核心要素下,设置了"客户服务"(customer service)这一指标,"预测并满足内部和外部客户的需求,提供高质量的产品和服务;致力于持续改进"。中国绩效考核的指标中与之对应的概念是"勤"中的"联系群众"和"绩"中的"解决群众关心的疑难问题",在实际工作中,服务对象可以包括行业(系统)下级部门代表、服务部门、管理监督和执法执纪部门的直接联系对象,本部门干部群众代表等,而在责任范围内,服务对象还可以包括决策的受众、政务服务的对象等。根据业务性质和决策影响范围明确领导干部的工作服务对象,能更好规定领导干部的职责服务范围,提高服务对象的针对性。

2. 创新意识

中国绩效考核在"能"中有"创新意识"这一描述,但没有细化描述。美国绩效考核的指标对创新的界定标准为,在"领导变革"(leading changes)要素下有"灵活性"(flexibility)指标,"对新信息保持开放;迅速适应新的信息、变化的条件或障碍",这是对创新意识的重视;有"创新与创造力"(creativity and innovation)指标,强调"引入对现状的新见解;质疑常规方法;鼓励新的想法和创新;设计和实施新的或尖端的计划",这是对创新行动的规定;在"结果驱动"要素中有"企业家精神"(entrepreneurship)指标,"发现新的机会使组织获得未来的成功;通过开发或改进产品或服务来构建组织,计算风险来实现组织目标",这首先是对创新实效的要求,其次意识到创新所带来的风险管理的必要性。绩效考核中"创新意识"这一指标需要从思想准备、行动标准和创新结果3个层面进行深化,保障干部大胆建言,将创新结果服务改革实践。

3. 风险管理

有创新必然会有风险。美国绩效指标重视对压力和风险的管理。在"结果驱动"要素中第一个指标即是"责任制"(accountability),"对可衡量的绩效目标、及时和高效地负责,确定目标,设定优先级并委派工作,承担错误,遵守既定规则",在强调工作产出实效的同时也强调对风险与失误的承担,并将这一任务也视为工作结果的一部分;在"领导变革"要素中有"弹性"(resilience)指标,"有效地处理压力;即使在逆境中也保持乐观和持久,从挫折中迅速恢复",强调面临改革阻力时的抗压能力和风险的承受能力。近年来,中国党政干部的管理也提出了建立容错纠错机制,为党政领导干部创新制度提供保障。因此,有必要在绩效考核指标体系中引入容错纠错机制,着力营造勇于担当、敢于作为的良好环境。

4. 综合统筹能力

在中国绩效考核的"绩"中有"基础工作"指标,主要职责在于"制度建设,抓基础性、长效性工作的成效"。美国绩效指标中专设了"运营管理"(operations management)要素,又在其中设置了"财务管理"(financial management)、"人力资本管理"(human capital management)和"技术管理"(technology management)3项指标,具体规定了部门运行所依赖的基础性事务的内容,进一步明确了高级公务员的工作职责。党政领导干部及领导班子是决策和管理的中枢系统,需要对于整个单位的正常运行负责,因此有必要在绩效考核的标准上细化基础工作的内容和落实方向。

5. 大局意识

在对中国党政领导干部德行的要求中,"大局意识"强调要"围绕中心,服务大局,团结协作"。在美国绩效考核中,关于大局意识也有直接相关的对应,一是在"领导变革"要素下有"外部意识"(external awareness)指标,"及时了解利益相关者的观点、国家和国际政策和趋势、组织对外部环境的影响";二是在"建立联盟"(building coalitions)要素下设"合作"(partnering)、"政治头脑"(political savvy)和"影响/谈判"(influencing/negotiating)3个指标,主要强调达成与其他部门的合作,建立共同战略,认识部门内部和外部的势力并采取行动。

6. 领导力的管理

在美国绩效考核中专设了"领导下属"(leading people)指标,设置了"冲突管理"(conflict management)、"多样性管理"(diversity management)、"培养下属"(develop subordinates)和"团队建设"(team building)4个领导力目标。中国党政领导干部考核的领导要求也成为考核内容的一部分,在能力要求中,包括了沟通协调、组织动员和处置突发事件等要求。

另外,通过指标的对比,我们还看出两国在权重分配上的差异,这些差异折射出两种公务员制度的运行基础与价值取向。在内容上,中国领导干部绩效考核的内容中,党性修养、道德品质、坚持原则、精神状态等指标占有很大比重,体现了鲜明的特质指标特色,而美国联邦政府高级公务员考核的能力、绩效指标中,出现很多操作性与评价性很强的行动描述,体现其行为指标的风格。但相较之下美国高级公务员绩效考核的内容更容易评估与衡量,在管理实践中可操作性较强,而中国领导干部绩效考核的内容较为模糊,可解释的空间比较大,在权重上,美国高级公务员考核内容以结果导向为最重,相关的指标也以该项最为翔实丰富,这说明美国高级公务员在兼顾能力、领导力的考核之外,紧紧围绕工作实绩这一核心,而中国领导干部考核更强调全面素质和政治要求。

资料来源:涂永前,高雅琪.中美高级公务员绩效考核制度比较.中国人事科学,2019(03):10-21.

【本章小结】

绩效导向的人力资源管理是公共部门转型的核心工程。绩效考核在人力资源管理中起着重要的作用。它涉及人力资源规划、任用和招聘、培训和发展、薪酬管理以及改善员工关系。完善激励监督机制,加强政府整体绩效管理,公共部门必须科学开展绩效考核,让公务员从绩效考核结果中获得成就感,并用绩效决定晋升、奖惩,通过持续的绩效沟通,挖掘公务员潜能,全面提高公务员素质。

【关键术语】

绩效考核　关键绩效指标(KPI)　平衡计分卡　持续的绩效沟通　系统的与非系统的绩效考核方法　绩效考核知觉偏差

【复习思考题】

1. 简述绩效考核的方法及在实际工作中选择绩效考核的方法。
2. 简述绩效考核的结果在人力资源管理中的作用。
3. 简述绩效考核的结果应用体现的方面。
4. 简述绩效考核中的知觉偏差及如何控制。
5. 简述绩效考核的基本流程。
6. 简述公共部门人力资源绩效考核和公共部门人力资源绩效管理及两者的关系。
7. 简述公共部门人力资源绩效管理的模型、流程和作用。
8. 简述公共部门人力资源绩效计划、绩效目标、绩效项目、绩效指标、绩效标准、绩效等次和绩效指标体系。
9. 简述公共部门人力资源绩效标准。

第6章 公共部门人力资源的培训与开发

6.1 公共部门人力资源培训与开发概述

6.1.1 公共部门人力资源培训与开发的基本概念

人力资源的培训与开发是我国公共部门人力资源管理制度中的一项基本的管理功能。广义来看，人力资源的培训与开发泛指政府和其他公共部门为了帮助和促进组织内成员获得并完善与自己工作相关的专业知识、技术等，帮助成员提高工作绩效，增强成员对实现组织目标的信心，且愿意为实现组织目标而做出相应努力。作为一种新型的成人继续教育，公共部门的人力资源培训与开发会区别于常规的教育形式：第一，公共部门的人力资源管理培训是以提高公务员的管理服务能力、完善其工作模式为培训重点，具有较强的针对性，培训的形式、内容和手段基本上是围绕公职人员参与行政管理活动时应具备的思想政治品德、职业道德以及相关的知识、能力和技术等展开的。第二，公共部门的职业人力资源人才培训管理课程教育是具有终身性、回归式的职业继续教育，是在社会经常性继续教育的趋势下自然形成的，且仍处于不断发展中。它始终贯穿于当下各级公共部门及其中各类公职人员的个人社会事业任职生涯健康发展。第三，公共部门的专业人力资源管理培训就是根据对不同职位或职级的具体业务要求，为受训的从业人员补充专业管理知识进行专业技术培训、提高的过程，为实现组织长期、高效发展奠定了基础。从长远来看，人力资源管理培训是提升组织绩效的重要方式，也是提高组织战略发展能力的根本途径。第四，公共部门的人力资源管理培训课程形式的灵活性较强，在受教育的时间、领域和方式上，更符合组织内成员的工作实际，不像常规教育那样整齐划一。

虽然公共部门人力资源培训与常规教育存在着诸多区别，但是随着社会的发展和观念的转变，培训与教育两者的界限变得越来越模糊。公共部门人力资源发展不仅要适合工作需要，同时也要注重公职人员的综合素质培养，拓宽职业适应的领域。

6.1.2 公共部门人力资源培训与开发的原则

（1）理论联系实际的原则

理论联系社会实际的教育是公共部门开展人力资源管理培训的根本性原则，它既是辩证唯物主义的思想手段和方法与其工作理念相结合的体现，又是对所有公职人员开展行之有效培训的根本性途径。理论与实际相结合就是要把我们党的路线、方针、政策以及本组织、本单位、本部门的工作结合成一个整体，把各项理论与公共部门工作的真正实际所涉及的内容结合成一个整体，充分运用现代化的理论手段去研究和解决实际的问题。培训过程中，帮助公职人员掌握相关理论知识的同时，提高他们实际的工作能力及适应能力。

（2）学用一致原则

学用一致的原则旨在强调将培训时获得的知识，灵活的运用到实践中。培训的目的就是为了让被培训者能更好地整合公共机构的人力资源，迅速提高其对岗位适应能力，进而提高其工作效率。若培训和实际严重脱节，就会丧失培训意义。受训者学而无所用，不仅造成组织人力、物力、财力上的浪费，也会导致受训者丧失继续被教育的积极性。唯有坚持学用一致的原则。做到学以致用，通过培训来提高公职人员的基础专业知识和各个岗位的技能，培训工作才能取得实际的效果。

（3）按需施教的原则

按需施教的原则主要是针对各级公职人员专业培训的基本内容和具体形式而言，即根据各个部门的具体工作需要和各级部门公职人员对培训岗位责任的具体执行要求，有针对性地选择各级公职人员专业培训的具体形式、确定其专业培训的具体内容，对各级公职人员的专业培训工作进行一系列比较切合实际的专题培训。当前我国正值经济发展的重要转型升级阶段，社会的发展变化趋势使得我国公共部门的基本管理工作任务目标和任务内容仍处于一种不断的调整、完善中。因此，对相关部门公职人员的选拔培养方式，就需要根据国家在不同发展阶段中要求和目标的不同，灵活调整培训的内容，以满足国家对多技能人才的需求。

不同的工作职类、不同的工作层次和非间接工作岗位上所需要具备的专业知识和基本专业技能也不一样，因此在公职培训的具体形式和培训内容上就相对的应该也会有所大的差别。这一原则参考了发达国家的培训制度，按照工作内容的不同，对培训内容也进行了相应区分。在各级公职人员分类等级划分的专业培训中，配备了不同等级、不同类别的专业培训管理机构，对他们采用不同的专业培训管理手段，对各类培训班的工作开展起到了明显的促进效果。

（4）讲求实效的原则

讲求实效性原则主要是针对公职人员培训工作的实践性效果。为了达到提高政府部门公职人员的素质及公共服务管理绩效水平的目标，培训必须保证质量，凸显实效性。培训质量的重要性和水平的高低决定了培训的成败，没有了质量，那么培训就不可能获得良好的收益。落实讲求实效的基本原则，要认真研究分析自己的需求，根据自己的需求拟订一套培训方案。培训方案是公职人员参加培训的重要依据。培训策略的内容主要有6项，包括培训目标、培训范围、培训对象、培训方式、培训内容及培训步骤。培训方案制订得如何直接关系到对于公职人员培训工作的实施效果，成为培训工作能否最终取得实效性的重要一环。其次，要根据不同的情况，采用灵活、多样的培训方法，并根据自己的需要来确定培训的时限、培训手段。

6.1.3 公共部门人力资源培训与开发的类型

由于培训与开发的对象、内容、条件、形式、目的等各不相同，在实践中形成了不同的培训种类：第一种类型是根据是否在职，分为在职培训和脱产培训；第二种类型是根据培训接收者和受训者的职业性质，分为对专业管理人员的专业培训（还可再分为）对操纵专业工程技术人员的专业培训、操纵专业管理人员的专业培训。其中专业管理人员还可再细分为高层管理人员的培训、中层管理人员的培训和后备管理人员的培训；第三种类型是根据培训内容的不同，分为思想转化培训、态度变革培训、专项技能培训和管理实践技能培训；第四种类型是根据培训学习者的年龄和层次差异，分为高级、中级、初级；第五种类型是根据自己的职业生涯和发展时期的不同，分为对新员工入门培训或岗前培训、调任人员培训、晋升人员培训、离职人员培训；第六种类型是根据培训目的而不同，分为应急型培训与发展型培训。应急型培训主要指一个组织中急需什么，就要去培训什么；发展型培训指基于企业组织未来要求所进行的培训。

从中选取几种常见类型详细介绍：

（1）初任培训

对新招聘录用的人员要进行理论与实践相结合的教育训练，被称为初任培训。它是应聘者在被录用后、正式入职前的首要环节。初任培训通常主要采取2种途径：第一，工作上的实习。在具备相关知识和经验的高级公职人员指导下，熟悉其工作条件和环境，了解各个公共部门的管理基本属性和工作流程，明确自己职位所需要具备的综合能力。第二，集中进行专业理论学习、实践技能培训。在此期间，要求全体各级公职人员认真地学习、了解、执行党和国家的各项治国大政方针和其他相关政策法律、法规，明确应承担的政治使命和社会责任，坚定理想信念；认真贯彻学习公共行政管理部门职责所应具备的理论知识和专业技能及优良工作作风，努力提高业务水平。初任培训后，考核合格者才能被正式任用。

（2）在职培训

在职培训的培训对象是拥有一定工作经验的公职人员，主要以脱产或半脱产的方式进行。这类培训一般根据社会和经济条件环境的改善与变化，以及公共部门某些功能的改革与转变，进行公职人员的知识架构完善和技术提升，以有效地调整公职人员的基本知识和技能，提高公共部门的管理绩效。

（3）晋升培训

晋升培训是指对公职人员中较高层次的管理者以及拟提拔至更高岗位的公职人员都要进行培训。此类培训具有更明显的针对性，根据公职人员所要求的基础理论、政策水平、组织管理能力及业务素质，对公职人员从事政治、业务、技术等各个方面进行指导和培训，使他们能够完善相关管理知识，从而胜任更高层次的领导岗位和工作。

（4）专业培训

专业培训的适用情境是，当公职人员在需要一定的专门技术类业务岗位工作或者临时性的业务岗位工作前，进行的培训。其主要目的就是学习和熟悉工作中所需要的各种特殊知识、技术及注意事项等。

6.1.4 公共部门人力资源培训与开发的内容和方式

科技革命带来了社会发展方式的变革，使传统工业社会逐步向信息社会和知识经济社会转变。人们在现代社会中的学习、工作方式也逐步被快速发展的计算机和互联网产业所取代，智能化取代了更多的人力劳动岗位。知识已经日渐成为推动经济社会发展的主要手段。诞生在工业经济发展初期的"劳动价值论",势必会被"知识价值论"的新型价值观逐步取代,这种价值观的特点也已经渗入公共部门和对公共事务的管理中。

社会的发展与变化给公共部门中的公职人员带来的不仅是管理观念、管理手段的更新,更带来了严峻的挑战。对于各级公共部门内的公职人员来说,他们需要面对的是一系列新的问题,即如何进行自身的知识学习革命,如何建立起有机的学习型团体,如何调整和改变陈旧的知识结构,如何掌握快捷学习、使用知识的途径方法,如何以新的工作模式积极参与到公共事务的管理和实践中,如何以自己的知识服务于政府和社会公众等。因此我国的公职人员一定要接受长期而又严格的教育与培训,不断学习,不断进行自己的知识与专业技能的提高和更新,只有这样才能适应社会发展的需要,跟上时代前进的步伐。

公职人员必须要有判断并有效解决问题的能力,能够运用相关知识和技术手段,灵活解决相应问题。作为公共事务的执行者与社会问题的最终解决者,公共部门的公职人员只有根据当前的形势和经济社会发展需求,通过学习和培训的途径不断完善自我的知识、能力及其素质,才能出色地贯彻履行党和国家及其人民交付的任务。

行政体制的改革和发展已经是21世纪我国政府经济治理工作不可避免的一种发展趋势。行政管理会从目标经营管理的模式,进一步扩展到绩效管理或整体品质管理。这些管理手段的演进,不但要求我国各级政府提供的产品和服务都是高效率的,也要求这些产品和服务是以满足服务对象的需求为导向,提高服务质量以及服务对象的信任程度。行政业务的发展也意味着我国政府在其组织形态与管理角色上将会发生一定转变。在我国政府与社会主义市场、政府与中介组织和农村居民自治团体等组织之间的关系中,政府将会更多的成为其指导者,而不是直接管理者。如奥斯本和盖布勒所言,政府就应该是"起催化作用的政府,掌舵而不是划桨"。怎样才能掌舵,是其对公职人员综合素质的一次考验。毋庸置疑,公共部门的人力资源培训是对公职人员各方面提升的重要手段之一。培训会直面我国行政事业发展的背后和前景,给我国公职人员带来了全方位、广泛的灌输新管理理论、管理观点、管理原则、经营管理手段和技巧。

按照各种专业技术人才培养的标准,可以把对公共部门的人力资源培养划分为多种类型。依据培训的时间长短,可以细分为长期培训、中期培训和短期培训;依据对公职人员的选拔与任用情况,可以将其分为脱产技术培训、非脱产技术培训;依据培训单位及机构的特点,可以细分为学校的培训、国家行政学院或者文官学院的培训、政府部门自身所组织的培训。总体上,公共部门对于人力资源的培训形式主要包括以下几种:

(1)学校培训

学校培训指由公职人员经管理机关或者行政单位组织选拔出具备一定能力和素质的人才,通过考试后进入国内、外高等教育院校或者国家行政学院继续接受相关专业的脱产技术培训或者进修。

(2)部内培训

部内培训是各级公共部门内部独立自设的专业人才培养培训机构,按照其从事专业及业务工作的实际需要,进行的培训。培训开展的具体时间、项目内容设置及对本次培训的具体要求都必须是由培训部门内的各培训承办单位进行的。

(3)部际培训

部际培训是由不同公共机构组成的培训联盟。联盟内的部门共同负责培训费用,为相同的专业和不同层次的公职人员提供一些共性化的培训。

(4)交流培训

交流培训旨在加强公职人员在各个公共部门之间或与其他单位之间所需要进行的沟通调任等工作过程中的技术培训,帮助公职人员扩大自己的知识面、增长才干、提高业务能力。

(5)工作培训

在实习工作中应该有意识地加强公职人员的能力素质培养,这一过程被称为工作培训。通过领导者或一些相关经验较丰富的公职人员在实务活动中的言传身教及具体辅导方式给予指引,帮助公职人员能够在行政实务中积累更多的知识。

(6)选择培训

选择培训区别于其他类型的培训,它允许公职人员根据其知识素质结构及个人兴趣,自行制订培养计划,可以自由地选择需要培训的专长和课程。选择这种培训形式主要分为2种:一种是鼓励公职人员充分利用其闲暇的时间到附近的中等院校或者夜校进行补习;另一种是由公职人员向组织申请假期,脱产学习。

6.1.5 公共部门人力资源培训与开发的程序

公共部门对于人力资源的管理培训和开发是一个以问题研究为导向、理论假设为前提,需要进行规划设计、实时监测和评价反馈的系统性工程。公共部门人力资源的培训与开发一般可包括培训需求分析、培训计划制订、培训实施、培训效果评估与反馈4个阶段,如图6-1所示。

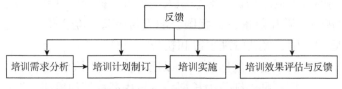

图6-1 公共部门人力资源培训与开发的程序

这并不意味着所有的培训项目都需要顺次完成这4个阶段的工作,因为这4个阶段的界限是相对模糊的,多数组织会将前两个阶段进行整合,管理相对规范的组织还会在培训需求分析阶段就开始进行培训评估,如确定培训需求后就对培训的目的、内容、对象等进行评估,确保培训有效性贯穿始终。

(1)培训需求分析

科学合理地进行培训需求分析是保证培训成功和高效的前提。公共部门在组织或者展开各种培训活动时,一定要有明确的目标,不可以盲目地进行。公共部门的人力资源管理培训对象筛选的合理与否,直接关系到培训效果能否得到有效的转化。如何科学地选择受训者,就需要从组织自身发展情况和公职人员素质两个方面进行衡量。首先,要明确组织自身所处的外部环境,再依照其相应的公共机构发展策略,提出对公职人员综合素质和能力的具体要求。其次，应对公职人员目前存在的实际综合素质和能力水平进行测评，以便找出其理想状况和现实条件存在的差距，对差异进行分析后，确认哪一点可以用培训来弥补。为此，就必须根据实际情况对培训的需求做出分析。一般来讲，影响培训所必须的因素主要包括：公共机构的管理宗旨、公职人员对待工作的态度、公职人员对待职业的认识和能力状况、公职人员对待职业的知识和技术水平。通过对需求影响因素的分析，明确培训的需求。一旦有了明确的培训需求，就会为公共部门在培训活动中的规划、培训手段与方法选取以及其他培训内容提供可靠的基础。在具体运用的过程中应该高度重视以下两点：一是科学地分析公职人员必须具备的综合能力素质，这就需要各级人事部门针对组织未来发展的策略和社会资格特殊性做出相应的设计；二是科学地测评公职人员的现场管理实践能力，这需要公职人员和各个部门之间的合作。这一阶段的任务是通过科学的分析方法，明确组织培训中关于质和量的需求。

（2）培训计划制订

公共机构在明确了培训的需求之后，就可以按照培训需求制订培训计划。主要内容包括：培训的目标、培训的方法、培训的媒体、课程的内容介绍、案例和各种活动、受训对象的选拔、师资队伍的管理、培训时间和地点的拟定及成本核算。拟定培训计划时应遵循3个原则：一是整体性原则，即在拟定培训项目计划时，一定要仔细考虑并综合分析所有影响培训效果的相关因素；二是可行性原则，即拟定的培训计划不能盲目追求完美，要充分考虑具体执行培训计划的各项条件，没有可行性的培训计划，就会失去它的现实性；三是针对性原则，即在拟定培训项目计划时必须充分考虑不同类型的培训对象的需求，体现培训项目计划的多样化。根据不同的培训要求，可以自由选择制订长期培训方案还是短期培训方案。

（3）培训实施

拟定培训计划和培训计划的实施两者是相互联系的。拟定的培训方案是培训活动计划贯彻实施的基础，培训活动计划的实施是对拟定的培训方案贯彻实施。在实施的过程中，要特别注意落实计划的各个组成部分和内容，还要进一步加强管理与监督，对学员的每一个受训期都要进行跟踪调查，以便确保培训活动计划顺利地进行。培训管理者还需要针对培训过程中可能遇到的困难和问题随时地调整培训的方法，征询培训教师及受训人员提出的意见、建议，加强对培训的全程控制，以保证在动态化管理中培训效果的最优化。如何完整地执行培训计划在公共部门人员培训的过程中一直都是最为关键的一个环节，它直接地关系到培训目标是否能够完成。为此公共机构必须高度重视培训方案的实施。

（4）培训效果评估与反馈

培训计划、培训目标、培训效果评估与反馈这三者之间有着密切的关系。培训效果的评估与反馈是通过评价本次培训中取得的成绩，比较预期目标和实际效果间的差异，并以此作为下一轮培训改进的基础。这一阶段主要内容包括结业考试、课程设计、培训手段和授课效果等综合评价，同时包括对受训人员返回到岗位后工作情况的跟踪和反馈。公共单位一般在员工培训课程完成后，进行现场考核。在实践的操作中，应该高度重视两点：一是对于培训效果进行评价。在培训课程结束后，可以由有关部门的人事考核测评学者或是各级公职机构的负责人对每位受训公职机构的人员进行素质技能测评，与初次考核所得的结果进行比较，判断此次的公职机构培训效果。二是分析影响培训后效果转化的主要因素，并做出培训后效果转化的控制。公共部门如何更加科学合理地开发和使用人力资源，不仅对工作质量和效益的提升有一定的意义，也会对社会中的人力资源开发与综合利用产生重要影响。公共部门中专业人才素质的高低以及管理者是否能够获取和充分利用人力资源，直接关系到公共行政管理制度改革的程度。

6.2 公共部门人力资源培训与开发需求分析及其方法

开展人力资源培训的第一步就是考虑培训工作的适配性及其针对性。这一过程是通过对人力资源管理工作进行培训的需求分析来完成的。培训需求分析主要指组织在开展培训教育活动之前，采用适当的技术和手段，针对受培训者的专业知识、技能等综合素质的构成情况系统性评估，分析并判断如何确定其工作现状和组织目标之间存在的差异，进而判断他们是否有必要参加培训以及需要参加怎样的培训。培训要求分析既是制订培训目标、设计培训策略的一个重要前提，也是开展培训考核评价的基本依据。

【案例】

> 赵先生是某事业单位的行政主管，本来做得还不错，因为新来了一位副手，并且从一开始就觊觎他的位置，感到了压力的他开始考虑充电，试图甩开对方。他选择了学习更专业的电脑知识，甚至连编程都认真地学，同时还把大学时曾经选修过的法语也重新捡了起来。结果在他终于把自己勉强变成了一个初级程序员，法语也重新有了点感觉的时候，对手已经重重地把他击倒在地，扬长而去。

每一个公共组织都应根据组织特点，从 3 个层面对个体的培训需求进行分析，这 3 个层面就构成了对培训需求分析的 3 个主要基本因素，即个人的培训需求、组织的培训需求和战略的培训需求。

人力资源管理中的培训需求分析要依靠一定的技能手段。在决策理论与行为科学迅速进步的今天，培训需求分析手段也日益多样化。

6.2.1 培训需求的问题分析法

问题分析法又被称为绩效差距分析（performance gap approach）。它是被广泛应用于各个层次培训需求分析中，比较有效的研究方法。如其名称所表述显示的，问题分析法主要是聚焦于一个组织或者团队成员所存在的问题。具体而言，是在深入地分析了组织及其内部的员工们的现有情况和他们的理想状态之间的差距基础上，确认并提出了造成这些差距的原因和症结，明确培训活动是否能够成为解决这些困难、提升组织绩效的有效路线。

培训需求的问题分析方法在其应用中一般要经过以下几个环节：第一，发现和确认问题阶段，即准确找出组织中实际绩效和理想绩效之间的差距。在此基础上，筛选除可能造成这种差距的潜在性问题，进行初步分类和识别。例如，组织生产力水平不高，可能是组织的设备、资金等"硬件"存在问题，也可能是工作人员的态度及技能手段等"软件"有问题。认识差距，寻找问题是这种分析法的起点。第二，搜集资料结合直接观察，进一步分析并确定存在的问题。组织和培训的负责人可以利用一系列手段来搜集相关资料，如绩效考核报告、工作汇总等间接方式，也可以采取观察、面谈及问卷调查等直接方式。资料搜集时，要抓住问题的本质和根源，充分了解、说明问题的4个方面的状态，即何种问题、何处发生、何时发生、何种程度。只有在培训前细致地掌握了这些材料，才能够正确地分析问题产生的根本原因。第三，培训人员需求分析，即分析、判断和验证造成该问题的主观原因。问题的产生，很可能是由多种复杂的原因相互影响造成的，组织在掌握了客观问题产生原因的基础上，还应考虑组织内部人员的主观原因。这为分析培训需求的必须性奠定了基础。发现和判断造成问题的原因与组织的培训工作存在着必然的联系，组织通过问题原因的分析、验证，明确绩效是否通过培训得以改善，这也是实现组织需要的重要手段。第四，说明培训需求分析的结果。从公职员工的个体需求和公司组织的实际情况两个角度出发，明确公职人员培训的内容及其方式，建立起详细的培训目录，最终形成较为完善的培训体系。

6.2.2　培训需求的全面分析法

培训实际需求的全面分析（comprehensive approach）是指公共部门通过对组织内各个层次和环节所有人员的情况进行全面、系统的研究、分析后，确定其现实状态和理想状况之间的差异，以此为依据，决定是否要进行培训以及具体的培训内容和手段。与传统的问题分析法相比，全面性分析法更注重解决组织运行中的方方面面，分析结果被认为能够广泛应用到人力资源管理研究的诸多工作环节，并不局限于培训。

全面分析法的一般工作流程：第一，进行工作特点分析。在研究管理工作的基本特点后，以此制订出相应的岗位评价标准和职位规范。这一步也是组织在管理工作中的必然步骤。第二，明确组织任务和所需技能。将任务分解成单一的任务单元，给出各个任务单元的主要分析内容及相应的审核条件。在此基础上，将行政任务、管理技术等因素分别进行综合比较、分析，最终得到理想的行政业务工作绩效评价指标。第三，比较公共部门的现实绩效管理水平与目标水平间的差距，找到这些问题持续产生的根本原因。第四，培训规划设计。根据培训综合情况分析培训结果，制订培训实施的具体方案，并在实施过程中不断地完善、修正。

全面分析法的最大优势之处在于，能够获得功能性分析数据，帮助组织更为全面的认识问题。然而，这一方法的弊端在于需要较高的时间成本与资金成本，容易导致工作进程的推进受限。此外，全面分析法的工作量较大，需要组织综合考虑各方面的影响。因此这一方法更适合任务简单、程序较少、人际关系不太复杂的组织运用。

6.2.3　培训需求的综合分析法

综合分析法主要强调，将行为科学或社会调查等纳入培训需求分析工作。在对培训需求进行分析的工作过程中，组织及培训主管部门还常常会选择一些辅助方法，包括观察法、民意检查、问卷调研法、重点人物访谈法、文献资料搜集法、小组讨论或者专家研究讨论法（例如，德尔菲法）或工作样本法等，具体见表6-1所列。

表 6-1 培训需求分析方法比较

培训需求 分析技术	被培训者参与 程度	管理层参与 程度	分析过程耗时 程度	培训需求分析 成本	培训分析量化 程度
顾问委员会	低	中	中	低	低
评价中心	高	低	低	高	高
态度调查	中	低	中	中	低
集体讨论	高	中	中	中	中
面谈候选培训对象	高	低	高	高	中
调查管理层	低	高	低	低	低
员工行为观察	中	低	高	高	中
绩效考核	中	高	中	低	高
关键事件	高	低	中	低	高
问卷调查与清单	高	高	中	中	高
评估过去项目	高	低	高	高	高
绩效档案	低	中	低	低	中

6.3 公共部门人力资源培训与开发的实施与评估

6.3.1 公共部门人力资源培训与开发的实施

6.3.1.1 培训方法的类型

培训的方法多种多样，各具特点。依据不同的标准可划分成不同的分类，如传统教学模式、行为主义教学模式、网络化教学模式、个性化教学模式等。本章依据培训传授方式的不同，将培训方法分为 5 种。

（1）面授型

面授型是指培训者（培训师）通过当面讲解、指导向受训者传授知识，通过受训者的积极参与，开发其技能，进而引导受训者将技能应用于实际工作的方法。其主要特点是信息交流的单向性和受训者的被动性。面授型方法是典型的传统培训方法，应用也较为广泛。具体方法包括课堂讲授法、专题讲座法、研讨法等。

（2）实践型

实践型方法是将培训内容融入受训者的日常工作中，在不影响组织成员工作的前提下，补充所需的知识、技能等的一种培训方法。该方法针对性强、成本低，可利用现有条件实施培训，且受训者不用脱产，可继续从事本职工作，对改善管理、提高组织成员业务水平和组织绩效都很有效。具体方法包括导师制、岗位轮转法、个人指导方案等。

（3）参与型

参与型方法以调动受训者的工作积极性为前提，引导多个受训者在交流、互动中掌握知识、技能。它的特点是开放性、双向性、趣味性、创新性和及时反馈性。具体方法包括案例研究法、头脑风暴法、招展培训法、情境仿真法等。

（4）行动学习型

行动学习型方法指的是受训者在遇到实际问题、任务、项目的时候，通过问题的处理，积累经验、补充知识，从而达到培训目的。这种方法不仅局限于对自然科学中的技术基础理论和技术知识成果进行一种单方面的知识传授和文化灌输，而是更多地强调组织成员的共同参与，将理论知识与实际工作相结合，以便解决实际遇到的问题。其最大的特点是"学做结合"，能够实现培训成果的最大化转化。具体方法包括角色扮演方法、管理训练方法、敏感性训练方法。

（5）电子化学习型

电子化学习或数字化学习是指通过互联网，实现在线学习或下载后的离线学习方法。这种方法主要依托于专业培训平台，以及电脑、手机等移动设备。理论上来说，人们可以随时随地的学习，即移动学习。区别于传统培训方法，电子化学习型突破了时间、空间的限制，让培训工作变得更加便捷、低成本。这不可能完全替代了教师和学习者之间的面对面、多渠道的双向沟通，但是，电子化学习并不能完全取代传统的培训方法，只能作为传统培训方法的补充。因此，线上、线下相结合学习方式成为了未来培训的发展趋势。

6.3.1.2 常用的培训方法

培训与开发的实施过程中通常使用以下几种方法：

（1）课堂讲授法

任何类型的教育中，课堂讲授始终是极为重要的知识传播方法。虽然培训方法、培训形式日益多样化，但课堂讲授法依旧是培训方法中的第一选择。原因在于它组织简便、易于操作、习惯性。它指的是在一个特定空间内，由一名主讲教师根据一定的课程教学内容，在特定时间内向学习者单向传授基础知识的教学过程。课堂讲授法是一种以教师为核心的课堂教学模式，它所需要传递的知识内容、知识重点、讲授速度等都取决于主讲教师，学员在课堂上往往是被动的，也很难对所学知识及时反馈。根据课堂讲授法存在的弊端，主讲教授在讲授时应注意：

①选择合适的教学内容　课堂讲授法更适合对基础知识、理论框架等理论类知识进行培训，其最大优势可以在较短的时间内，帮助受训者把握知识和理论的精华。

②采用灵活多样的教学形式　主讲教师可以通过多种形式来吸引、鼓励学员积极地参与到课堂教学中。如可以通过引导、自学、提问等形式，给学员更多的学习自主权，以提高其积极性。主讲教师不断提出问题，能在一定程度上提高学员们的问题分析能力和解决实际管理问题的能力。

③注重课堂讲授中的互动性　主讲教师在讲授过程中应与学员保持沟通，注意学员反应，要特别注意观察学员的动作和表达，以便得到及时反馈。

④完善培训教学环境　培训主办方可以尝试完善培训教室环境，来提高培训学员们的学习活动兴趣。传统的课堂布置是学员前后分排就座，目的是便于教师控制。现代培训中可针对性地采用环形、V形、U形、臂章形教室安排，增强教师和学员的互动。

（2）研讨法

研讨法被认为是一种仅次于传统讲授法的教学模式。它的最大优势在于鼓励学员们自己提出问题，并与主讲教师进行双向探讨。研究性培养方法既有以教师和学生为中心，又有以学生和家长为中心，其灵活性相对较强，是最容易被采用的一种培训方式。同时，公职人员已积累了一定的知识和实践经验，对问题有一定的认识和见解，具备了与教师探讨和沟通的条件。

研讨法有多种形式，包括演讲讨论式、小组讨论式、集体讨论式、系列研讨式、委员会式、攻关小组式、沙龙式等。每一种形式都有它的特征和优势，如在集体讨论中，由于规模较大，主讲教师对一些选题和发言要做控制，结构性较强；而沙龙式则倡导自由地、非正式地交谈，限制较小，非结构性较强，但它不适用于讨论和解决重大问题。培训过程中，可根据培训的目的、内容，灵活选择研讨形式。但无论运用何种形式，主讲教师都应在研讨会组织实施前做好充分准备，在研讨会进行中也应运用一些组织领导的技巧等。

（3）案例分析法

目前，案例分析法已成为人力资源管理培训中广泛应用的一种方式。它根据一定的学习需求和培训目标，将实际生活场景中真实的事件进行典型化的处理，增强受训者面对各种复杂问题的真实感。

案例分析法主要具备5个特点：第一，所使用案例均为组织的实际问题；第二，尽量让所有参与者都可以陈述观点，听取他人意见，正视不同的看法并及时作出调整；第三，降低受训者对主讲教师的依赖程度；第四，主讲教师很少回答"对"或"不对"，那些不完善的案例才能够以对与错为基础来进行判断；第五，需要主讲教师创设适当数量程度的话语剧情场面，推进案例研究。主讲教师不仅是理论知识的讲师或者说教人，更是指导者，引导受训者明确表达观点，并帮助受训者在相互讨论中逐渐理清案例架构与解决问题的方案。

案例分析法的重点在于研究案例的创作。如果这些案例中没有真实、具体的情境，不具有典型性，就很难有效地激励和启发学员，甚至可能会误导他们。因此，一个好的教学案例应该是能提供一个事件所发生的背景信息、地点、人际关系，事件往往具有典型性，代表了我国地方行政执法中的问题，激起学员的热烈讨论，并且能够真正反映到培训目标中，最终帮助受训者积累相应的知识和经验。

（4）角色扮演法

角色扮演法也是常用的培训方法之一，常用在对管理型人才的培训中。以现代测评中心为例，让受训者扮演部门主管的角色，进行公文处理，组织、协调各方面工作，以此帮助受训者沉浸式体验管理角色。角色扮演就是主讲教师给出设计好的情境，要求受训者在情境中扮演不同的角色，通过角色间的互动表演，体现出与培训内容相关的行为，最终达成培训的目的。角色扮演法，可以有效暴露受训者在经营管理能力和解决问题的技巧等方面存在的问题，还能帮助主讲教师掌握受训者的性格特征及与别人的交往、合作的能力。同案例法的研究重点一样，角色扮演方法的核心也是需要设计和塑造角色。角色应来源于现实生活，但又要避免与现存组织状况靠得太近，以防学员的消极防卫行为，最好是采用具有现实意义的模拟情境。

（5）合作研究法

在公职人员培训的中后期，由教师指定学员或学员自愿组合成一个研究小组，共同承担一个研究项目，经过一段时间的资料文献收集和社会调查后，写出对策性的研究报告。

这是对学员培训后的一种综合理论、智力、技能训练，是对学员培训结果的总结和成果反映。合作研究的课题应是具体而不是空泛的，应注重联系实际和解决问题，以便培训者判断受训者的理论素养、分析问题和解决问题的能力是否有所提高、增强。

（6）人格拓展训练

人格拓展训练又称挑战极限训练，是指主讲教师设计多种危险、极限的情境，让受训者参加。在此过程中，不仅是对受训者的耐心、细心程度的考验，更是对受训者克服困难、实现目标的勇气和意志的考验。人格拓展训练方法的特点是能深度挖掘受训者的潜力，并帮助受训者突破心理极限。

人格拓展训练更多地强调锻炼受训者的身体素质和心理素质。它的基本假设是教会人们如何去适应环境通过增强自身的素质，提高对环境的适应性，才是面对困难的有效解决办法。这一方法一定程度上摆脱了传统教育中的空洞讲解和说教，运用了体验式的教学方法，独特又富有意义。

（7）价值观培训

价值观培训是帮助受训者改善或完善其价值体系，增强受训者对组织的认同感与归属感。在培训中，受训者和施教者共同学习组织的核心价值观，例如，如何构建团队精神、尊重和坚持相信每一个人、顾客价值至上观等。施教者对价值理念的基本含义进行讲解，并为受训者运用相关价值观提供实践情境。

价值观培训的根本目标就是要让受训者熟悉和理解组织的核心价值观，并且能够将这些思想观念由语言转化成行动。培训应当运用生动的事例说明价值观的内涵（如"尊重人"的含义是什么、如何表现出对人的尊重），造就与组织融合在一起的组织观念的追随者。在价值观培训中，要提醒管理人员注意价值观与有关政策之间的不一致。例如，管理者如果在强调信任的同时，又强调考勤制度，就是自相矛盾的，因为考勤本身似乎就在说"我们不信任你"。

6.3.1.3 培训与开发的实施

培训与开发的实施包括4个步骤：实施、检查、反馈和修正。其中，要特别注意以下几点：一是切实地履行自己的计划，全力以赴；二是认真审核，杜绝流于形式；三是高度重视学习反馈，保障培训资料信息的准确性；四是及时进行修正，根据环境变化情况和实践中的各种反馈资料等信息，及时纠正原有的培训计划，以便最终能够顺利地完成所需要的培训任务，实现培训目标。

现在，已有越来越多的组织通过与高校、党校、行政学院、干部学院等合作培训，或让组织成员进驻学校，或学校选派教师送教上门，培训内容既有一般知识培训，也有相关专业能力培训。还有的选派组织成员到高校接受定向的正规学制教育。

6.3.2 公共部门人力资源培训与开发的评估

公共部门人力资源培训与开发的评估是一项贯穿培训全过程的管理监督活动。通过对培训规划、培训实施、培训成果等各个环节的检查和审定，及时反馈信息，发现培训中存在的问题，改进培训方案，提高培训的绩效。

人力资源管理培训考核评估的主要目的有3点：①通过测量一名学员在本次培训中所

获得的成绩,来评价其整体状态;②通过测量和跟踪培训全过程的每一个环节,提出改进的措施;③研究培训中一些非量化或者不可衡量的影响因素等。

人力资源培训评价标准的确立和选取的主要依据之一就是组织对其评估目标的认可,即人力资源的培训应该是做什么的,这在指导和规范培训行为中起着非常重要的作用。因此,公共部门人力资源培训评估首先要明确评估目标,这在引导培训行为中具有重要意义。

一个比较直观的培养考核评定标准就是培养的投入和回报率。它通过对培训活动进行成本计算,并在培训后进行培训结算,以此体现培训的实际成效。综合性评价指标主要包括:参加培训后的企业的组织生产力及管理水平是否得到了改善、工作中出现错误率也是否很大程度的减少、服务质量是否得到了明显的改善等。逆向思维就是如果没有培训,组织生产率会降低和变糟,其付出的代价远比培训花费的代价大得多。在私营企业中,这些成果可以通过利润的增加和服务环境的优化来体现。但是,由于公共部门产出的非量化性、政治性和非标准化形态,此种方法在公共部门的应用存在着较大的局限。

公共部门对培训结果的评估,主要是通过组织观察和考核公职人员在培训后的工作表现和工作业绩来实现的,包括理论素养、政策执行水平、执行行政活动中的能力、对公众服务的态度、对组织交办的各项工作完成的数量与质量等。通过公职人员工作行为的结果和对组织绩效的提高,体现培训的成果与效果,并以此为依据,明确培训是否能满足组织工作的需要。

结果的评估只是培训评估的一个重要部分。同时,评估还必须贯穿整个培训计划、实施的过程即过程评估。在过程评估中,评估者要提出一些典型的问题:如实施的培训计划是组织人力资源发展需要的吗?培训计划能起到基本的作用吗?培训过程实施得顺利吗?受训者对培训的内容和过程满意吗?培训会增加受训者的学识和技能吗?受训者对培训不满的原因是什么?培训计划的实施是否达成了预期的培训目标?评估者通过对培训实施中的各个相对独立部分的测定,发现问题,及时改进。

结果考核与过程考核同为对人力资源管理培训考核评价中必须切实进行的两个重要组成部分。结果考核直接影响培训目标的制订,过程考核则贯穿培训的全过程,使之不至于偏离目标。

目前我国各级公共部门的人力资源管理考核评估按照类型主要分为以下几个方面:

(1)培训总体评估

培训的总体评估着重于13个基本方面的检查,即培训的需求、培训最初的计划和培训机制。这一评估的导向是培训是否为组织需要的人力资源培养服务,培训需求是否能够保证培训有效地进行。培训的需求具有不同层次,评估主要是针对各种组织之间存在的问题和差异,认清自身培训所需求的发展方向。最初设计的规划评估内容主要是监控项目规划的合理性、可行性。而对培训工作机制的评估则主要偏重于通过考察组织内开展培训工作的承担部门或者机构在其管理与指导组织培训工作的过程中是否能够实现既定目标。例如,在培训过程中会不会出现偏离培训的课程计划的事件,如果会出现需要采取哪些措施。总体评价的影响范围比较广,影响因素也比较多,它们还需要采用更加精确的评价方式。

（2）受训者反应评估

受训者是接受培训的主体，他们对培训的内容和教学方式有一定的发言权。他们是培训中教学评估环节的重要信息来源。

受训者的反应评价主要体现在3个方面：第一，评估和考核与培训的内容相关联的情况。如培训内容是否有用、清楚、有趣，培训时教材选择和培训速度是否合适。第二，评价与教师相关的状况。例如，对教学内容的掌控能力、教师的讲解能力、教学方法以及语言表述的能力等。第三，后勤保障工作。例如，教学器材的准备、课堂环境的布置等。对受训者的反应评估通常是采用调查表、面访、公众讨论等形式来获取，其中运用较为广泛的就是"反应调查表"。将上述3个重点内容细化为不同问题，以匿名的方式对受训者的受训情况进行综合评价。评估人员根据此次调查情况，发现培训问题，并在下次培训时尽量规避。

对受训者进行评估虽然是提供评价信息的一种重要手段，但是，由于每个受训者在评估时的知觉、兴趣、价值观等方面存在差异，评估结果一般带有较多的主观性。因此，评估人员既需要全面地了解培训的情况，又需要通过各种其他手段获得评估资料，不能把对受训者的反馈当作唯一、最终评估资料的来源。

（3）受训者知识、技能学习成果评估

这种方法就是在培训结束之前，通过考核受训者，以成绩作为评估受训者知识、技能学习成果的标准，这项考核主要侧重于2个方面：第一，受训者由于自身在培训期间的知识积累和提高情况，可以通过书面的考核或者是诊断性测试来进行；第二，受训者行为方式的情况，可通过观察、角色表演、模拟环境、工作实例、表现测试等多种方法进行。此外，对受训者的综合素质和能力的考核评价，还可以适当运用项目研究与论文撰写等方法辅助考核。在对受训者的学习成果进行评价的基础上，判断其培训结果的有益性。

（4）工作表现评估

对于受训者专业知识的评价可以在培训结束之前进行，但是对于工作表现进行评估则需要在培训后，受训者重新回到工作岗位并工作一段时间后才能得出结果。但是，它仍然被认为是对培训绩效考核评估中的重要方法。工作表现评估直接反映出受训者在培训过程中的最终目标是否实现，以及在培训中所掌握的学识与行为是否都转化成了良好的职业生活表现。

为此，组织对公职人员采取的培训评估措施主要有：第一，运用领导、负责人等的直接视角，考察受训者经过培训后的各种行为和表现；第二，采取比较的方法，通过对受培训公职人员在培训前后自我评估比较，或者对受培训公职人员与未受到培训公职人员之间的比较，明确培训是否有利于受训公职人员的发展；第三，通过问卷调查或者与受训人员面谈等多种形式，自行总结在培训期间的一些改变。

（5）组织绩效评估

提高组织绩效是组织投资人力资源培训的最终目标。对于组织进行各个层次的绩效评价是一个系统性的工作，其中涉及到的因素有许多。大致采取2种主要的评价方法：第一，客观指标的测量方法。确定一系列考查标准，以便判断公职人员经过培训后，其技能等级是否有所提高，其中包括工作的准确率（如劳动者出错率、回复工期率、服务接受抱怨的比率、节省资源比率等）、生产力水平（如劳动力工作完成率、劳动力工作准时率等）。第二，主观指标的测量方法。由于考核评估不可能做到全部量化，也不可能做到以完全客观的形式去体现绩效。因此，主观的衡量也是组织绩效考核的一种重要手段。如前所述，公共部门基于生产和输入的特点，虽然也在不断探索寻求着对评估指标的客观量化和标准化，但还是比较多地采取定性评估的方法。主要以对部门负责人和公职人员的主体观察结果为依据，并有意识地发现公职人员的个人和组织在绩效等各个方面的变动，认识到培训在其他人员的行为改变和提高企业组织绩效等各个方面的作用。评估也可以与人力资源管理中的考绩联系起来，间接地反映培训是否达到了预期的目的。

【本章小结】

培训是现代组织人力资源开发与发展的重要手段，是组织战略管理的重要组成部分。世界各国的政府组织都将公共部门员工的培训放在人力资源管理突出的位置上，并通过立法保证其获得培训的权利。培训工作的起点是培训需求分析和培训目标的确定。为了保证培训效果，组织必须在个人层次、组织层次、战略层次等方面对人力资源是否需要培训以及培训什么做出客观评估，以便为培训类型、培训形式、培训方法的选择提供基础，并由此形成组织可操作的培训计划。

培训需要组织及其资源的支持才能有效地实施。为此，在公共部门人力资源培训中，组织形成了职能分工的培训主管机构、教育机构和保障支持系统，使得公共部门人力资源管理日趋职业化。为了增进培训的有效性，公共部门不断地开发着多样化的培训技术，力求针对特定的培训目标和内容，选择更加适用的培训方法，其中包括传统的教学方式，也包括行为主义的培训方式。培训项目评估对于改进培训计划和活动具有重要意义，组织可从培训总体目标、受训者反应和受训者的工作绩效等方面直接或间接地评价公共部门人力资源培训活动。

【关键术语】

员工培训与开发 培训需求的确认 培训需求分析 培训类型 培训规划 培训方法 培训的评估

【复习思考题】

1. 简述公共部门人力资源培训与开发的含义、原则。
2. 简述公共部门人力资源培训的主要类型。
3. 简述公共部门人力资源培训分析的必要性。
4. 简述公共部门人力资源培训分析的主要任务。
5. 简述公共部门人力资源培训采用的技术方法。
6. 简述公共部门人力资源培训评估的基本类型。
7. 试述我国事业单位工作人员培训的问题与改正。

第7章 公共部门人力资源职业生涯规划与管理

7.1 公共部门人力资源职业生涯规划与管理概述

7.1.1 公共部门人力资源职业生涯规划与管理的相关概念

7.1.1.1 职业生涯

生涯(career)这个词来源于古代拉丁文,最初采用"路径"之意,用来泛指一个人在社会生活中的进步,它是通过结合每一个人的生活经历中所需要扮演的角色,诸如各种职业、工作、休闲等角色,表现出的自我发展形态的一个过程。汉语多用"职业生涯"一词。这是沙因(E.Schein,又译施恩)于20世纪60年代提出的。国内外专家学者对于职业生涯的认识理解主要表现为:狭义的职业生涯仅涉及到任何一个个体从实际工作的开始至最终结束阶段所需要进行的各种活动、态度等,仅针对其客观的工作经验而言;而广义的职业生涯则是贯穿于个体的整个人生,重视其整个发展过程,以及在此发展过程中所需要受到的各种影响。沙因把职业生涯大致划分为外部的职业生涯和内部的职业生涯两种。外部的职业生涯是指经历一种职业的通路,包括了从招聘、培训、提拔、晋升、解雇、退休等各个职业阶段。内部的职业生涯则比较多地注重于职业获得的成功或者是满足于主观观感情绪,以及工作与家庭事务和履行家庭赡养义务、个人娱乐消闲等其他基本要求之间的平衡。强调在不断从事某种职业这个工作过程中的个人主观情感和在从事职业、家庭、个人事务之间的相互关系。可见,职业生涯是个体的时间概念,是一生中的职业经历或历程;同时也是发展和动态的概念,意味着个人的具体职业和职位的发展变化,具有独特性、发展性、阶段性、终生性、整合性、互动性等特点。

7.1.1.2 公共部门人力资源职业生涯规划

公共部门人力资源职业生涯规划是指基于个人和组织方面的需要,结合外部环境,制订个人职业未来发展计划的活动。其内容主要包括职业选择、目标确立和职业道路设计。一方面,组织成员的职业选择和职业生涯目标的确立,是个人的需要,也是组织的需要;另一方面,组织成员职业生涯目标的达成,离不开组织提供的平台及保障。

7.1.1.3 公共部门人力资源职业生涯管理

职业生涯管理又称"职业发展管理",是现代组织人力资源管理的重要内容之一,可通过个人和组织两个角度来理解:个人的职业生涯管理是指组织成员对个体职业发展方向进行规划;组织的职业生涯管理是指组织结合组织目标的实现与组织成员职业生涯发展的需要,帮助组织成员制订职业生涯规划和发展职业生涯所实施的一系列有目的、有计划的管理活动。

7.1.2 公共部门人力资源职业生涯规划与管理的原则

（1）长期性原则

公共部门工作人员的职业生涯发展规划要贯穿职业生涯的始终，只有长期坚持才能取得良好的效果。因此，要在职业生涯规划与管理中，遵循长期性原则。

（2）动态性原则

根据公共部门的组织目标、组织结构的变化与成员不同时期的发展需求进行相应调整。

7.1.3 公共部门人力资源职业生涯规划与管理的基本特征

公共部门人力资源职业生涯管理主要是指组织职业生涯管理，其特征主要是：

①职业生涯管理是现代人力资源管理的重要内容之一，是公共部门人力资源管理系统的有机组成部分。

②职业生涯管理是满足组织和成员双方需求的动态过程。现代人力资源管理的一个基本假设是组织有义务最大限度地利用人力资源，并且为组织成员提供不断成长、充分挖掘个人最大潜力和获得职业成功的机会。因此，组织越来越重视为组织成员提供帮助和机会，在制订可行性较强的职业目标的基础上，引导成员通过努力实现这一目标。职业生涯管理的优势如下：a.将人力资源规划与个人职业生涯发展联系、统一起来；b.进行职业发展预测，分析职业发展的走向；c.系统研究组织提供的各种职业生涯发展的机制与通道，帮助个人开发职业能力；d.向组织成员提供职业选择方面的信息，开展职业咨询；e.促使组织成员更多地参与到职业发展的相关活动中；f.帮助组织成员协调或解决自我发展与家庭发展间的冲突和矛盾，为其提供物质上、精神上和时间上的支持。

7.1.4 公共部门人力资源职业生涯规划与管理的理论

（1）特质因素理论

特质因素理论又称人职匹配论。帕森斯提出该理论，认为每一个人都应该拥有自己独特的性格模式，每种性格模式中的人都应该拥有其相适应的性格和职业。所谓"特质"泛指一个人的各种性格特点，包括一定的能力倾向、兴趣、价值观及人格等，可以通过心理学的测量工具进行评量。所谓"因素"泛指在实际工作上想要获得成功之前应具备的一切条件或技术资格，这些则可以通过对实际工作情况进行分析而加以了解。所以在进行职业指导选择时，应当采用了解自己、理清职业、人职匹配的"三步走方法"，它蕴藏着"知己、知彼与决策"的三重内涵。

（2）职业类型理论

约翰·霍兰德（John Holland）是美国加州约翰霍普金斯大学的社会心理学系副教授、美国著名的社会心理学家和职业指导教育专家。他发展了一种被学界称为"类型学"的研究理论，是一种关于人格类型和与之相匹配的环境类型的理论。他认为现代人的心理特征以及人格类型、兴趣与自己的职业密切相关，兴趣本身就是现代生产力发展和劳务经济活动的强烈社会驱动因素，从事与兴趣相关的职业，可以提高人们的积极性，促使人们积极地、愉快地从事该职业，且职业兴趣与人格之间存在很高的相关性。根据该理论，人的个体独立性格和职业生涯发展环境可以划分为现实型、研究型、艺术型、社会型、企业型和常规型。在需要进行具体职业指导时,人们通过定期完成《职业自我探索量表(SDS)》来迅速找到最新且能准确表述自己的"总结码",以此用来获得职业的相关指导建议。

(3)生涯发展理论

唐纳德·舒伯于20世纪50年代初提出关于生涯发展的新思路——生活/生涯彩虹理论。他认为九种生活角色是我们理解生涯概念的良好途径。每个人在一生中的不同时间里都会承担着一个或多个角色。对个人来说,每个生活角色的强度随时间而变化。各种生活角色的结合及其强度构成了每个人的生涯基础。这对我们的启示是生涯规划不仅仅是选择一个大学专业、一种职业或是一个工作地点,它包含的是对我们自身以及我们在生活中所扮演的角色的彻底剖析。

(4)社会学习理论

关于生涯,心理学家大多认为,应该根据个人特质选择职业,"以事业就人",而社会学家则认为,职业的选择更多取决于环境条件,"以人就事业"。两种角度都有一定的依据,因此,克朗伯兹就从社会学习理论来"解读"生涯。社会学习理论是由美国心理学家阿尔伯特·班杜拉于1971年提出的,强调的是个人独特的学习经验对其人格与行为的影响。克朗伯兹将其观念引用于职业生涯发展与规划上,用以了解在个人职业决策历程中,社会、遗传与个人因素对决策的影响。克朗伯兹认为,有4类因素会影响我们的生涯决定,分别是遗传和特殊能力、环境情况与特殊事件、学习经验、工作取向技能。

(5)认知信息加工理论

1991年,盖瑞·彼得森、詹姆斯·桑普森、罗伯特·里尔登合著了《生涯发展和服务:一种认知的方法》一书,阐述了一种思考生涯发展的新方法,称做认知信息加工方法(简称CIP)。该理论把生涯发展与咨询的过程视为学习信息加工能力的过程,按照信息加工的特性构成了一个信息加工金字塔。位于塔底的是知识领域,包括自我知识和职业知识。中间领域是决策领域,包括了沟通(C)—分析(A)—综合(S)—评估(V)—执行(E)5个阶段。最上层的领域是执行领域,也被称为元认知。这一理论为职业生涯规划和职业咨询提供了操作的框架和流程。按照信息加工模型,在生涯管理中,针对最高层,我们需要辨别消极思维、进行积极的自我对话、提高自我控制和调节水平等,以此来完善个体元认知。CASVE循环提供了一种能用于职业生涯中问题解决的通用方法。当个体能成功、快速、有效地使用这一策略来处理生涯问题时,个体的生涯状况将得到极大改善。而自我知识和职业知识构成职业生涯规划的基础,没有全面而准确的知识,个人就无法做出恰当的职业生涯决策,职业生涯规划时需要对其完善。

7.2 公共部门人力资源职业生涯规划

7.2.1 公共部门人力资源职业生涯规划的特点

(1)职业生涯规划的主体是组织成员个体

从事职业生涯计划活动中承担责任的主体有3种,即组织成员自身、直接上级及其他组织。对于组织中的每位成员而言,其承担的责任主要包括:①对自身的能力、兴趣和核心价值观的评估;②综合分析在职业生涯中选择方向的合理性;③明确发展的目标与需要;④同直接或者间接的上级沟通交流发展意见;⑤同直接领导和上级共同制定相应的行动方案;⑥认真贯彻落实执行活动方案。

对直接的上属而言,承担的责任主要有:①协助下属正确地认识到个人的发展及其与组织之间关系的重要性;②评估下属人才的目标与发展所必须具备的现实性;③针对下属人员进行有效的辅导,并与之达成一致的方案;④认真跟踪公司下属的事宜,并根据情况适时更新。

对于组织而言,其社会责任体系表现在:①提供职业生涯规划过程中必须具备的样板、资源、辅助、信息;②提供必要的职业规划理论和技术方法的培训;③给予能力训练、资源、辅导、信息以及锻炼与发展的机会。

(2)职业生涯的规划工作是一个具有丰富文化内涵的过程

职业生涯的规划工作包含职业生涯目标的确定、职业计划的实施、职业目标的反馈与修正等,是个体在职业生涯中有意识地确立职业目标并追求目标实现的过程。这既需要个人对组织及自身条件的正确认识、分析和评价,也需要组织的指导、帮助和制度化安排。

(3)职业生涯的目标是个人未来职业生活领域发展的方向

职业生涯计划就是指对未来的职业目标和职业活动做出的预测。职业生涯目标同日常工作目标既有区别又有联系。工作目标是个人在当前岗位上所需要完成的工作和任务目标,可以由个人设定,也可能是由组织决定的。工作目标通常是短期目标,会随着时间的推移而产生变化。职业目标是个人的长远目标,且不一定与当前所从事的工作密切联系。但是,职业目标的设定会影响个体的工作目标。选择合理的工作项目并能够很好地制订和实现项目目标,是达成个人职业发展目标的最佳方式之一。

(4)组织是指引个体职业生涯规划的一个重要平台

职业生涯规划必须依据个人及组织两方面情况而制订。组织内部成员应积极地了解和参与组织内部全体成员的职业生涯计划,通过制订出相应的职业生涯管理政策,帮助组织内成员制订职业生涯计划目标、促进其与组织的目标有机地紧密结合。良好的职业生涯计划也是组织吸引并留住优秀人才的重要方面。

公共部门人力资源生涯规划的影响因素主要有2点:客观因素即组织文化、组织战略、管理制度、职位供给、领导者的理念和素质以及社会的经济文化环境等。主观因素,这类因素主要分为2点:一是教育背景。教育背景将会对个人的专长、职业选择、职业成长产生重大影响。不同的受教育层次、不同专业和门类、不同职业院校以及不同的职业教育理念,都会对个体的思维模式、专业技术能力等产生影响,进而影响其职业选择和职业发展。二是需求与动机。人在不同的职业生涯发展阶段,对职业发展目标、职业岗位选择、职业生涯的调整以及对职业竞争准则的理解,都会因职场需求与职业动机的差异受到影响。

7.2.2 公共部门人力资源职业生涯规划的内容

职业生涯规划内容主要分为6种:自我评价、职业选择、目标设定、职业路径设计、规划实现策略、反馈与修正。公共部门人力资源职业生涯规划在这 6 个流程模块中的内容如下：

（1）自我评价

自我评价主要是指个体通过各种资料和知识，描述职业特征、职业兴趣、专门技术能力、行为取向等的行为。国外学者通过大量的心理实验，建立起对职业生涯发展的认识，并以此为基础，努力寻找个体对职业的兴趣、能力、专业和其他工作特征、工作发展机遇等相适应的匹配点。自我评价的基础要求主要有：第一，弄清处理问题时应遵循的核心价值观，明确实际工作动机及需求；第二，了解学科专长、能力、技巧；第三，剖析性格特点、兴趣、期待等，掌握自身优势与缺陷；第四，对未来职业发展进行合理评估。

（2）职业选择

职业选择是个体根据兴趣、需求等，选择符合自身能力的职业的过程，但这一过程不属于一次性选择过程。一般来说，人们会经历 3~5 次较为大型的选择：第一次一般发生在高考时期的志愿填报时；第二次一般发生在大学期间；第三次一般发生在工作最初的 5 年期间；第四次一般发生在工作的 5~10 年后；第五次一般发生在职业生涯中期。所以，职业选择不仅是指对职业本身的选择，还包括一系列以职业选择为核心的与职业有关的决策，具体包括专业选择、职位选择、工作机构选择等。

（3）目标设定

完成职业选择后，就要设定职业生涯目标。职业生涯的目标主要指个体在某一时期、某一专业领域内要实现的成就或要达到的水平。目标的正确设定需注意以下几点：①目标必须符合社会与组织的实际需要；②目标必须是适合组织特点，并以优势作为设定基础；③目标应该高远，但绝对不能好高骛远；④目标设定需要有偏重点，一般 3~5 个为宜；⑤要充分考虑长期目标和短期目标之间的相互作用；⑥对于目标需求要清晰明确；⑦应该注意职业目标、家庭目标，个人生活和健康目标间的相互协调关系。

（4）职业路径设计

职业路径的二维设计包括横向维度的设计和纵向维度的设计。横向维度强调要根据职系、职等的定义，将同一职等上的几个目标同时进行设计；纵向维度则是根据职系、职级的定义，把属于不同职级上的目标进行设计。

（5）规划实现策略

规划实现的策略是指为实现职业生涯目标所采取的行动和措施。策略是建立在对现实与目标差距分析的基础上。差距分析涉及：一是对现在职位与目标职位间的差距分析；二是基于目标，对个体知识、技能、能力和经验的要求与现状间的差距分析；三是对目标实现过程中来自组织内外部环境的有利与不利因素的分析。

在此基础上，实现各种专业技能的目标主要有以下几个策略：一是练内功，即针对组织在实现目标时，对个体知识、技术、能力及经验等各个方面间的差异进行分析，并通过培训、自学等多种方式，增强个体的综合竞争力，以便在实践和生活中取得良好的业绩，获得社会和外界的认可；二是练外功，即通过调整个体与外部环境之间的关系，完成事业目标。具体分为 2 种，即自我展示策略和注重关系策略。自我展示策略主要指的是上级管理者或者资源相对丰富的成员表达发展愿望及能力和水平的行为；注重关系策略则是处理好与掌握资源者的关系，获得有利于职业目标实现的资源。

（6）反馈与修正

反馈与修正主要强调在职业生涯的规划过程中，对职业定位、职业路径与职业方向的审视与修订，主要包括职业的重新选择、职业生涯路径的选择、职业生涯目标的修正、实施策略计划的变更等。职业生涯规划工作是个不间断、循环性的过程，无论是个体、组织的改变，还是社会经济条件的改变，都是可能导致职业生涯的规划的改变。在职业目标制订和实现的过程中，会遇到各种机遇和挑战，这在很大程度上影响了职业生涯目标制定的顺利程度。因此，应及时地进行自我提醒并及时完善不足。

7.3 公共部门人力资源职业生涯管理

7.3.1 公共部门人力资源职业生涯定位

职业生涯定位是个体明确在某一职业内的未来和发展目标的过程，它是个体在职业生活发展中的战略性问题，也是根本问题。

7.3.1.1 职业生涯定位的步骤

职业生涯的定位主要有3个方面：首先是行业选择，即确定应该成为哪个行业的工作者，最终适合选择哪个工作；其次是自我评估，即对自我性格、兴趣等的认知；最后是岗位选择，要依照自己的兴趣、爱好、专长、技能和个性，找到恰当的工作岗位。

（1）定位方向——找准职业定位和发展方向

个体要通过分析专长、气质、兴趣、能力等多种影响因素，找到适合自身的职业领域，以便最大程度地开发和挖掘自身潜力。

（2）定位行业——看清目标行业的发展趋势

全方位、深入了解目标行业的现状与未来发展趋势，为职业目标设定、职业规划、职业发展等奠定基础。个体在进入某一行业前，应对这一行业的情况进行充分调查，可以通过实习、搜集资料等方式，结合经济社会发展方向，对行业的发展方向做出个人预测，为是否进入该行业提供判断依据。

（3）剖析自我——认清自己的优势和不足

从个体角度看，个体在对职业生涯进行定位时，不仅要考虑自身兴趣、专长以及目标行业的发展趋势，还应对自身的优势与劣势进行剖析。在此基础上，根据目标行业特点，分析自身优势在行业内是否能实现最优化发挥，自身劣势是否会成为阻碍职业发展的致命缺陷。对自身进行深入剖析时，可从以下几个因素进行分析：①对职业的兴趣和职业价值观（即我真正喜欢做什么）；②个性、气质、天赋、行为、创造力等个人性格因素（即我最适合学习什么）；③专业知识、技巧等职业技能因素（即我可以做些什么）。

7.3.1.2 职业生涯定位的原则

（1）兴趣原则

兴趣原则强调的是个体充分考虑自身兴趣，最理想状态是将个人兴趣与职业发展充分结合，从事感兴趣的职业。以兴趣为基础的职业生涯，会充分调动个体积极性、主动性，为个体提供满足感,从而为职业目标的达成奠定基础。

(2) 专长原则

专长原则强调个体对自身的正确、充分认知。个体在进入目标行业后,要在与其他从业者的良性竞争中,充分发掘自身优势,扬长避短,同时也要不断激发个人潜力,最终将职业目标实现的可能性最大化。

(3) 适应性原则

在进行职业定位时,不仅要充分了解当前社会对于目标行业的需求情况,还要尽量准确地预测目标行业未来发展的方式和走向,以便制订长远的职业目标,对自身进行的精准定位才能取得长足发展。

定位正确,才会充分利用自身资源,集中精力进行职业发展,而非"多元化发展",这也是我们职业发展的一个基本规律。定位正确,受到外界的影响才不会轻易放弃,也能更加理性地面对外界诱惑。

7.3.2 公共部门人力资源职业生涯目标设定

指导、帮助公职人员认识职业发展需求和目标,为公职人员提供必要的分析以及咨询意见、建议是十分重要的。职业研究和分析专家认为,如果一个人能够比较清晰地认识自己的人格和职业性向,了解自身的职业锚倾向,那么,他将比那些对此一无所知的公职人员多很多的成功可能性和职业满足感。职业专家应该指导公职人员掌握相关的职业性向和职业锚的知识,以便公职人员更好地开发自己的能力和潜质。

【案例】

> **职业锚**
>
> 职业锚理论产生于在职业生涯规划领域具有"教父"级地位的美国麻省理工大学斯隆商学院、美国著名的职业指导专家施恩教授领导的专门研究小组,是对该学院毕业生的职业生涯研究中形成的。斯隆管理学院的44名MBA毕业生,自愿形成一个小组,接受施恩教授长达12年的职业生涯研究,包括面谈、跟踪调查、公司调查、人才测评、问卷等多种方式,最终分析总结出了职业锚理论。
>
> 职业锚,又称职业系留点。锚,是使船只停泊定位用的铁制器具。职业锚,是指当一个人不得不做出选择的时候,他无论如何都不会放弃的职业中至关重要的东西或价值观。实际就是人们选择和发展自己的职业时所围绕的中心。
>
> 职业锚,也是自我意向的一个习得部分。个人进入工作情境的早期,其职业定位是由习得的实际工作经验所决定,与在经验中自省的动机、价值观、才干相符合,达到自我满足和补偿的一种稳定的状态。职业锚强调个人能力、动机和价值观3个方面的相互作用与整合。职业锚是个人同工作环境互动作用的产物,在实际工作中是不断调整的。

美国霍普金斯大学教授约翰·霍兰德等人,研究出多种关于公职人员岗位兴趣与性向的调查量表,测试公职人员的岗位兴趣、职业特征、性格、职业锚等。职业性向主义泛指一个人的心理与行为之中的"人格倾向",它在一定的程度上形成了个体对职业的价值观、动机和要求,从而帮助个体寻找到适合从事的目标行业,最终实现职业成功。

职业锚(career anchor)是指个体在探索职业发展的过程中,职业选择发生变化时,仍会坚持的职业价值观与职业需求。职业锚是个体选择和发展职业时围绕的中心最主要的价值。职业锚的确定有助于公职人员清晰地发现和认识自我,最终明确职业生涯发展的目标和路径。

学者施恩根据对学生情况的统计和分析,提出5种类型的职业锚:第一,技术型或功能性的职业锚。具有这样的职业锚性格特征的个体往往更喜欢选择特殊技术或职业功能性领域的专门职业,不希望继续从事普遍经营、通才属性的职业。第二,管理式职业锚。具有这种职业锚特征的人有强烈的从事管理职业的动机,愿意将承担责任作为终身职业目标,他们普遍具备了一定的分析问题和解决实际问题的能力和人际交流的能力。第三,创造性的职业锚。具有这种职业锚特征的人倾向于选择具有一定风险性的职业,渴望创新,以此获取较高的成就感,如企业家、知识与艺术创造职业等。第四,自主和独立式的职业锚。具有这种专业锚性质的人往往会倾向于选择能够让自己做出决定和拥有更多的自我支配力量的职业,避免遭遇他人的摆布或依赖他人,如自由职业、高校教授、小型零售企业公司的老板等。第五,安全类的职业锚。具有这样的职业锚性质特征的个人往往会选择更具稳定性、保障性的职业,并对社会资源、收入、声望等方面有一定的要求,如政府公务员。

7.3.3　公共部门人力资源职业生涯设计过程

职业生涯规划管理是一个连续的过程,由一系列的活动与工作所构成。其中,公职人员对个人的职业生涯规划是管理过程中最为关键一环,它通过对自我的剖析,帮助公职人员清晰地认识组织的未来发展目标。个体的职业生涯主要包括职业生涯意识、自我评价、实际检验、职业发展战略目标和行动计划5个方面。

7.3.3.1　职业生涯意识

职业生涯意识产生于职业设计的最初阶段,是个体对自我未来职业目标和行动计划的充分考虑,有助于引导个体做出职业生涯发展的合理决定,明确自身的使命。这种认知意识的重要性在于能深入思考自身与职业之间的联系,而非顺其自然、随波逐流。在职业发展中,个人的职业意识会渗透到职业生涯中的方方面面,也会对个人职业生涯产生持续性影响。

职业生涯意识中需要关心的重大问题主要包括:我今后一生中所为之努力而奋斗的目标应该是什么?我最终能够选择哪种类型的工作?我的人生目标应该是哪种性质的事情?我目前的社会经济背景与处境应该是何种?

7.3.3.2　自我评价

自我评价是指公职人员经由各种资料和知识,确定并描述自己的职业价值观、职业兴趣、人格与其职业属性和行为取向的一种社会实践活动。它往往是在职业学者或专家们的指引下,利用心理学测试或者咨询等方法,帮助公职人员建立起职业发展的认识,最终实现个体职业发展的目标。

自我评价的基本方法应该包括：第一，公职人员必须进行自我深刻地剖析，了解自己的知识专长、技术水平以及自己的上司、同事对自己的评价等；第二，考察自身实际工作动机和生活需求，明确自身需要面对的生活需求和压力；第三，考察自身业务能力现状；第四，通过自问自答的方式，预测、判断自身的发展空间和机会。如个人发展的目标和考虑的因素是什么？我现在处于什么样的位置？我喜欢做什么以及我未来一年中的理想和计划是怎样的？我个人的优点体现在什么地方？现在的工作职位理想吗？我理想的工作是什么？我自己认为下一个恰当的工作和时间应该是什么？在现职上我的发展空间和阻碍有哪些？在现职上我的发展计划是什么？

7.3.3.3 实际检验

实际检验指公职人员在从组织获得的有关自我评价的反馈信息中，了解到组织的评价和潜在的职位变动（如工资晋升、调配等）。公职人员可以通过从组织获取的资料信息，判断组织是否能够满足个人的发展需求，判断个人与工作岗位间的适配性。在相对完善的职业生涯规划体系中，实际考核和检验的程序往往会借助职业绩效考核评估、公职人员发展研究讨论和面谈、顾问咨询等方法进行，以共同参与和对话的方式，讨论公职人员的职业兴趣、优点以及具有针对性的组织发展活动。

7.3.3.4 职业发展战略目标制订

公职人员的职业生涯发展策划战略目标需要个体对职业生涯目标的认同。目标的设定要求公职人员就理想的岗位、时间安排、技术与运用的水平、工作岗位的变动、所学到的知识和技能、所获得的信息来源、上下级之间的关系和人际交往关系等进行思考，并将未来发展目标的角色定位中尽量清晰地表达出来，以便明确自身职业生涯的发展方向。

在一个沟通良好的开放性组织中，公职人员职业发展的目标设定是在与组织的讨论和互动中建立的。个人职业发展计划作为一个重要因素应被组织充分考虑，并被纳入组织的人力资源开发计划。通过相互之间的调配和合作，把组织和个体的发展目标进行有机地配合和统筹。

7.3.3.5 行动计划

行动方案是指公务员为了实现职业生涯发展目标，采用的具有可操作性和针对性的行动方案。这一过程不仅包括公职人员为达到目标而采取的个人行动（如自我学习、专业教育、提高实践能力等），也包括了组织提供的课程培训、信息沟通、空缺岗位、职业发展规划及人事沟通活动等管理行为，以促进职业生涯管理要求与人力资源管理活动间的有机结合。

【本章小结】

在现代公共组织中，组织成员的职业生涯发展已经不仅是个体及其家庭的事情。为了更有效地开发组织人力资源，使成员与组织的发展目标能够有机结合，增强成员的认同感，给员工更多的施展个人才能的空间和条件，留住优秀人才，组织将个体职业发展规划纳入人力资源开发与管理的过程中，作为与其他人事管理活动相配套的、服务于组织人力资源战略管理的重要工作内容。组织对员工职业发展的关怀，体现了现代人力资源管理以人为本、人本主义的基本精神。

组织在人力资源职业发展规划和管理方面承担着一些重要的责任：了解员工职业生涯的自我分析和职业锚定位、建立职业发展的信息与预测系统、提供职业咨询和职业管理指南、制订职业生涯通路计划、回应和解决员工在职业生涯发展中遇到的典型性问题以及建立以职业发展为导向的工作绩效评价体系等。

同时，为了给员工个人职业生涯发展提供良好的组织环境和制度保证，组织还需要制订一系列相关的人力资源发展政策。围绕职业管理制订和实施的工作再设计、内部晋升计划、人员交流调配和人才流动、离职率分析与评估以及员工退休等政策和策略，为员工个人兴趣、潜能的发挥及自我价值的实现创造了重要的机会，提高员工的认同感及工作绩效。

【关键术语】

职业生涯　职业生涯规划　职业发展管理　职业锚　职业生涯定位

【复习思考题】

1. 简述对员工个人职业生涯发展阶段的认识并说明组织实施员工职业发展管理的意义。
2. 简述员工职业生涯发展管理与人力资源其他管理活动匹配的过程。
3. 简述公共组织在员工职业发展管理方面扮演的角色及履行的管理任务。
4. 简述公共组织为实现组织发展目标和员工个人发展目标的相互协调，在职业发展管理方面应该开展的重要活动。
5. 简述公共组织人力资源的开发、管理政策对员工职业发展产生的重大影响及组织应制订职业发展管理的政策和策略。

第 8 章 公共部门人力资源的薪酬管理

8.1 公共部门人力资源的薪酬管理概述

8.1.1 薪酬的内涵

在了解薪酬之前,首先介绍一下报酬的概念。报酬是指员工为某个组织工作而获得的所有本人认为有价值的要素总和,包括内在薪酬与外在薪酬。其中,内在报酬指员工由于工作本身所获得的心理满足和心理收益,外在报酬指员工所得到的各种货币收入和实物。

薪酬是报酬体系的一部分,是指组织在认可员工的工作与服务后,支付给员工的各种直接或间接的经济收入。其中,基本薪酬又分为职位薪酬、技能薪酬与能力薪酬;绩效薪酬分为个人绩效薪酬与群体绩效薪酬;福利分为各种保险及福利津贴等。

（1）基本薪酬

基本薪酬是指按事先规定的时间周期,根据劳动者所提供劳动的数量和质量,付给劳动者相对稳定的劳动报酬。

（2）绩效薪酬

绩效薪酬是指把员工、团队或者组织的绩效水平与员工的收入相联系的一种薪酬体系。其目的在于鼓励员工顾及战略目标,最终实现组织战略目标。

（3）福利

福利是指组织为员工提供的旨在提高其生活质量的间接薪酬,从而提高员工的满意度。它属于一种间接式回报。

8.1.2 薪酬的作用

（1）补偿作用

员工在工作过程中必然要消耗体力和脑力,只有得到补偿才能维持劳动力的再生产。组织内员工还要满足个人及家庭的生存需要。因此,薪酬的作用就是为员工提供经济性补偿,以保证员工的基本生存需求得到满足。

（2）激励作用

薪酬也是激励员工为组织战略目标持续奉献的物质措施。激励作用具体体现在员工为获得更多的薪酬,会更加努力的工作、晋升。

（3）调节作用

调节作用在于能够引导人才的合理流动。合理地利用薪酬经济参数,就可以引导人才向合理的方向流动。具体表现为,人才较为紧缺的行业可以利用高薪酬吸引人才,当该行业逐渐饱和,薪酬水平降低,人才就会自动流向下一个较为紧缺的行业,以此达到行业间的动态平衡。

8.1.2.1 薪酬管理的内容

（1）薪酬体系

广义来看，薪酬体系是由相互联系、相互制约且互为补充的薪酬要素构成的有机统一体；狭义的薪酬体系则是指经济性薪酬，包括基本薪酬、绩效薪酬、激励薪酬和福利。

（2）薪酬构成

薪酬构成是指在总体薪酬中不同类型的薪酬组合方式，包括直接薪酬与间接薪酬。其中直接薪酬是直接以货币形式支付员工并且与其工作时间和业绩、质量有关的薪酬；间接薪酬则是一些有经济价值但是以非货币形式提供给员工的报酬。

（3）薪酬等级结构

薪酬等级结构指的是同一组织内部的薪酬等级数量以及不同薪酬等级之间的薪酬差距大小。薪酬等级结构包括针对每一职位或者职位等级的薪酬范围，组织据此建立起薪酬管理结构，为不同职级、不同职位以及同一职位上不同能力及工作表现的员工提供差异化的薪酬。

（4）薪酬水平

薪酬水平是指组织总体及内部各类职位和人员的平均薪酬的高低。薪酬水平决定了薪酬的外部竞争力。

（5）薪酬管理政策

薪酬管理政策包括薪酬成本与预算控制方式、薪酬制度、薪酬规定和薪酬保密等问题。

8.1.2.2 公共部门薪酬管理的特点

（1）薪酬体系

公共部门大都以"职位"因素作为基本薪酬的支付依据，原因在于公共部门的工作绩效主要取决于岗位职责的履行情况而非个体的创造性发挥。因此，薪酬设计的基本原则是鼓励员工做好岗位基本职责。但是一些技术类岗位例外，这类职位更注重个人的技能和能力，往往采用技术工资制。

（2）薪酬构成

公共部门主要采用短期薪酬固定为主、长期薪酬可变为辅的薪酬模式，强调薪酬的稳定性，保障员工的安全感。原因在于大多公共部门是以职位薪酬为主，工作的稳定性相对较高，加之公共部门中的工作绩效缺少量化衡量指标，因而可变薪酬在薪酬构成中的占比相对较低。

（3）薪酬等级结构

薪酬级别多、幅度小，即以窄带薪酬为主。这种薪酬设计与公共部门的组织架构设计息息相关。公共部门大多是采用高耸性组织结构，而在薪酬以岗位为主要依据的前提下，薪酬的级别会比较多，薪级差距也不宜拉得过大。当前一些公共部门已尝试引入了宽带薪酬，本章在后面会进行介绍。

（4）薪酬水平

公共部门很难采用领先型的薪酬水平。原因在于，公共部门的薪酬支付来源主要是财政资金，薪酬水平的确定和调整受法规政策的约束，同时接受社会的监督，薪酬水平的确定不能像私营部门那样自主、灵活。

8.2 公共部门人力资源的薪酬设计与管理

8.2.1 薪酬等级制度

（1）技术等级薪酬制

技术等级薪酬制是按照劳动技术和复杂程度等因素划分不同的等级，并对员工的技术水平、熟练程度进行评价，再合理确定其相应薪酬水平的一种薪酬制度。劳动技术等级的确定一般采用职位评价的方法或培训时间、费用比较法进行确定，也可由国家主管部门进行统一考核认定。

（2）职务薪酬制

职务薪酬制是依据该职务对人员的知识、技能需求及工作复杂程度、责任大小、工作环境等因素来确定薪酬标准。

（3）职等薪酬制

职等薪酬制是在按照工作性质、繁简程度、资历条件和工作环境等因素进行职位分类的基础上，给每一职等和职级配以不同的薪酬标准。

【延伸阅读】

如美国一般行政人员（GS）的薪酬共分为15等（grade），每等内分为10级（step），1~3级为工作满一年提升一级；4~6级为每两年提升一级；7~10级为每三年提升一级。经考核表现突出的员工，可奖励提升一级（表8-1）。

表8-1 美国GS类公务员的等级年薪表（2008年）　　　　　　美元

等	级1	级2	级3	级4	级5	级6	级7	级8	级9	级10
1	17 046	17 615	18 182	18 746	19 313	19 646	20 206	20 771	20 793	21 324
2	19 165	19 621	20 255	20 793	21 025	21 643	22 261	22 879	23 497	24 115
3	20 911	21 608	22 305	23 002	23 699	24 396	25 093	25 790	26 487	27 184
4	23 475	24 258	25 041	25 824	26 607	27 390	28 173	28 956	29 739	30 522
5	26 264	27 139	28 014	28 889	29 764	30 639	31 514	32 389	33 264	34 139
6	29 276	30 252	31 228	32 204	33 180	34 156	35 132	36 108	37 084	38 060
7	32 534	33 618	34 702	35 786	36 870	37 954	39 038	40 122	41 206	42 290
8	36 030	37 231	38 432	39 633	40 834	42 035	43 236	44 437	45 638	46 839
9	39 795	41 122	42 449	43 776	45 103	46 430	47 757	49 084	50 411	51 738
10	43 824	45 285	46 746	48 207	49 668	51 129	52 590	54 051	55 512	56 973
11	48 148	49 753	51 358	52 963	54 568	56 173	57 778	59 383	60 988	62 593
12	57 709	59 633	61 557	63 481	65 405	67 329	69 253	71 177	73 101	75 025
13	68 625	70 913	73 201	75 489	77 777	80 065	82 353	84 641	86 929	89 217
14	81 093	83 796	86 499	89 202	91 905	94 608	97 311	100 014	102 717	105 420
15	95 390	98 570	101 750	104 930	108 110	111 290	114 470	117 650	120 830	124 010

（4）结构薪酬制

结构薪酬制是按薪酬的各种职能将其分为相应的几个组成部分，分别确定薪酬金额的一种薪酬制度。结构薪酬制在一定程度上体现了奖优罚劣精神和按劳分配原则。但是，由于未按机关和事业单位的工作性质分别制订结构薪酬制，且易造成不同类别的工作人员实行同一水平的基础薪酬，有失公平。

8.2.2 薪酬形式

在薪酬分配过程中，薪酬等级制度只是根据按劳付酬的原则，从工作质量方面确定一定时期的工作标准和薪酬标准。

8.2.2.1 计时薪酬制

计时薪酬制是按工作人员的实际工作时间计付薪酬的一种薪酬形式。比较适合于下列情况：

①偏质量的工作，如科研、教学等。

②难以用数量来计算的工作，如公共部门的打字员工作，其工作任务时紧时松，不便以件计算。另外，许多管理工作也无法计件衡量，因此采用计时薪酬制就比较合适。

③规模小，适合使用计时薪酬制。这是因为计时薪酬制简单易行，费用低。

④周期长，不方便计算数量的工作，如基础理论研究、国家重大课题等，最终还有可能失败，但这对国家乃至世界至关重要。这就要求以计时工资的方式，来保证此类工作人员的生活、学习。

8.2.2.2 计件薪酬制

计件薪酬制是根据工作者在规定时间内所完成的工作量来计算与支付报酬的一种薪酬形式。

计件单价的计算公式：

（1）工作量定额

个人计件单价＝该工作等级的单位时间薪酬标准／单位时间工作量定额

集体计件单价＝计件部门定员内各成员单位时间薪酬标准之和

（2）工作时间定额

个人计件单价＝该工作等级的单位时间薪酬标准 × 单位工作工时定额

集体计件单价＝计件部门定员内各成员单位时间薪酬标准之和 × 该计件部门完成单位产品的工时定额

有了计件单价之后，员工的薪酬所得就可由工作量乘以计价单价得出，集体计件的部门可在集体计件薪酬的基础上，按照每个雇员的薪酬标准、工作量、工作日等因素进行再分配。

8.2.2.3 分段单价计件薪酬制

分段单价计件薪酬制是计件薪酬制的一种，是按一定差额比例规定不同的计件单价，分别计算薪酬额。具体做法为以标准工资为基础，确定计件定额，完成这个额定目标即可得到标准工资，超过定额部分的，按计件单价计算报酬。

8.2.2.4 计时计件混合制

计时计件混合制是将员工完成的工作量分为定额内和定额外两部分，分别计付薪酬。

定额内的工作量按雇员计时薪酬标准计付薪酬，而超定额部分按计件薪酬计付，这种方法也有助于缩小员工之间的薪酬差别。

8.2.2.5 包工薪酬制

包工薪酬制是将一定数量和质量的工作任务包给员工个人或集体，预先规定完成工作的期限和薪酬总额，在员工按期按质完成任务后，就可以获得全部包工薪酬。这种薪酬制，能促使员工提高工作效率，但需要配以严格的监督检查，以保证工作质量。

8.2.2.6 定额薪酬制

定额薪酬制是指以操作、管理、服务等定额的完成程度来计付报酬的一种薪酬形式。这是在计件薪酬制基础上发展创新的一种薪酬制形式，比计件薪酬适用范围更广，适用于各类工作性质和各类人员。

8.2.3 激励薪酬

激励薪酬通常是按照员工达到事先设立的目标的程度给予员工的相应报酬。因为激励薪酬是依据预定目标的实现度来发放的，这就与业绩联系了起来。

8.2.3.1 个人激励

个人激励薪酬（个人激励计划）是指为激励绩效达标的员工所发放的激励薪酬。推行个人激励计划，旨在激励为组织推荐人才、客户的员工。

8.2.3.2 团队激励

团队激励是对员工集体绩效的一种激励，主要包括以下 2 种激励计划：

（1）小组激励计划

小组激励计划强调，小组成员个人的奖励必须在小组的整体目标达到后才能获得。小组奖金的发放方式依据情况的不同而不同：若小组成员对小组业绩的贡献大体相同，奖金就可平均发放；若小组成员对小组业绩的贡献有较大差异，就应依据贡献的大小来发放奖金，也可先拿出一部分奖金平均发放，剩余部分按贡献不同而区别发放。按小组成员基本薪酬的不同而发放不同奖金的方式也经常被采用，这是传统等级思想的延续。

（2）利润分成计划

利润分成计划指由于团队的贡献，组织绩效有了明显的改善，组织给予团队一定奖励的薪酬激励制度。主要有 3 种形式：

①斯坎隆计划 约瑟夫·斯坎隆于 1935 年提出，其特点是强调员工参与，这也是早期斯坎隆计划的本意。后来，斯坎隆计划加进了货币奖励计划。其利润分成通过斯坎隆比率来确定：先计算出组织前 3 年的斯坎隆比率来作为参照系，若利润提升，斯坎隆比率降低，那么就应给予员工相应的奖励。

②拉克计划 艾伦·W·拉克于 1933 年提出，与斯坎隆计划相似。两者的不同之处在于，拉克计划中，以拉克比率作为评价标准。拉克比率越大，对组织越有利。只有在拉克比率提高时，员工才能获得奖励。与斯坎隆计划只关注劳动力的成本降低相比，拉克计划的关注面要更加广泛。

③提高分享计划 米歇尔·费恩于 1973 年提出，其方法是依据劳动时间比率来衡量生产力水平的高低，进而确定团体的奖励。

团队奖励与个人奖励相比，有明显的优点，一方面，团队奖励有利于团队凝聚力的加强，有利于团队合作意识的培养；另一方面，团队绩效考核标准比个人绩效考核标准更容易设计，对管理来讲更方便。因此，团队激励比较适合于相互协作性比较强的工作，尤其是个人绩效很难准确考核的工作。

8.2.3.3 组织整体激励

组织整体激励是指在组织利润整体提升或效率提高时，给予整个组织的员工奖励，激励员工更加努力地工作，促使员工目标与组织目标的协调一致。政府机关的组织整体激励通常与组织完成公共任务的效率直接相关。

（1）利润分享计划

利润分享计划是将利润的一部分，与员工共同分享，分为现金制和递延制两种。现金制就是以现金的形式在季度末或年度末发放给员工奖金；递延制是组织根据员工的表现，决定未来一段时间内的前期薪酬是否发放，以及发放多少。这两种方式的核心差别在于税率的不同，即员工退休后收入减少。

（2）员工持股计划

员工持股计划是指为更好地激励员工努力为组织的目标服务，公司赋予员工在一定期限之后，以一定的折扣价格购买一定量公司股票的权利。员工获得期权后，就可以在股票市场价格上涨时，获得买入价与市场价之间的差价。若股票市场价跌破折扣买入价，员工也要承担相应的风险。

8.3 公共部门人力资源基本薪酬

8.3.1 公共部门人力资源职位薪酬

8.3.1.1 公共部门人力资源职位薪酬的含义及其优缺点

公共部门人力资源的职位薪酬是指以职位确定薪酬的薪酬制度，即首先对职位的价值进行评估，根据评估结果赋予承担该职位的员工相当的薪酬。职位薪酬的最大特点是对职位进行评估，主要考虑职位的价值大小，不考虑个人能力与业绩水平，其假设的前提是：

- 每个职位与其任职者是匹配的，没有不合格的任职者；
- 每个人的工作范围和内容是固定的、清晰的，是能够做出准确的价值评价的；
- 组织应采用严格的金字塔式结构模式。那么随着层级的升高，组织成员的薪酬也应提高相应的幅度，而不考虑上一个级别任职者的素质、能力等是否高于下一个级别的任职者，"官本位"倾向明显。

（1）优点

①薪酬与职位一致，易被人们接受。
②同工同酬。
③按职位系列进行薪酬管理，操作简单、成本较低。
④薪酬随职位晋升，有助于激励组织成员为了更高的职位而努力工作和提高自身能力。

（2）缺点

①难以反映组织成员之间能力与贡献的区别。

②容易进入"彼得高地"。

③诱发恶性竞争　薪酬与职位的一致性必然导致为获得晋升而进行的激烈竞争，乃至恶性竞争，最终造成人际关系紧张，不利于团队和谐。

④激励作用有限　上述缺点也反映出其激励作用有限，影响人们的工作积极性。但它仍然属于最基本的薪酬体系。

8.3.1.2　公共部门人力资源职位薪酬设计

（1）职位分析和职位评价

职位分析又称工作分析，是一种确定完成各项工作所需技能、责任和知识的系统性过程，是建立"以职位为基准的薪酬模式"的重要基础性工作。具体来说，职位分析是通过系统地收集、确定与组织目标职位有关的信息，对目标职位进行分析，最终确定目标职位的名称、督导关系、工作职责与任职要求等的活动过程，也是对职位信息进行收集、整理、分析与综合，确定这些职位的职责以及这些职位任职人特征的程序。其成果主要包括2种：一种是职位说明书；另一种是职位分析报告。

职位评价也称为工作评价，是薪酬级别制度的基础。它是根据各个职位对组织目标的贡献，通过专门的技术和程序对组织中的各个职位价值进行综合比较，以此确定组织中各个职位的相对价值差异。通过职位价值比较，确立一个合理、系统、稳定的工作结构，开发一个工作价值的等级制度，在此基础上确定各职位的薪酬级别和职位待遇。

（2）薪酬调查

职位分析和职位评价，是解决内部一致性的一种机制。因此，根据组织的薪酬战略和职位评价结果，再结合薪酬调查结果才能最终确定各职位的具体薪酬水平。在发达国家，如政府、行业组织、专业协会、咨询机构等。调查方式分为正式和非正式2种。

（3）市场薪酬

市场薪酬是对薪酬调查结果进行数据统计分析后得出的。理论上讲，市场薪酬线与薪酬结果调查数据间是线性关系，即 $y = \alpha + \beta x$。典型职位的市场薪酬水平为因变量 y，数据由薪酬调查获得；x 为典型职位的评价点数或序列等级，数据由职位评价得出，代入方程即可求得 α、β。得出相应数值后，便可确定市场薪酬线为领先型、跟随型还是滞后型。薪酬政策线方程也可据此得出。

（4）设计薪酬结构

①划分薪酬等级　每个等级中的职位，其职位评价的结果应当接近或类似。若选用排序法，就包括几个相邻等级的职位；若选用计点法，就包括一定点值范围内的职位；若选用要素比较法，则包括一定薪酬范围内的职位。

②确定薪酬区间　薪酬区间是处于相同职位等级内的不同组织成员所获得的不同薪酬的范围。首先要确定中间值，中间值是由处于该等级中间位置职位的薪酬水平决定的，即薪酬政策线穿过每一职位等级上的这个点，就是该等级薪酬的中间值。计算公式如下：

带宽 =（最高值 – 最低值）÷ 最低值

这主要取决于职位的价值差异、绩效变动幅度、组织文化、职业生涯通道设计、行业性质。所以，带宽需要组织根据实际情况综合各种因素确定。

③确定相邻薪酬等级之间的交叉重叠　随着职位等级的提高，职位晋升空间越来越有限，交叉重叠的存在就可以使低薪酬等级上的人员具有获得相邻高薪酬等级的机会。从资历和绩效看，处于较低薪酬等级上的人员不一定就比相邻高薪酬等级上的人员表现差。交叉重叠程度反映了组织的理念和倾向，但没有通用的标准，需要组织根据实际情况决定。

（5）薪酬调整

薪酬管理是动态管理过程，要根据内外因素的变化对薪酬体系进行适时、适度的调整，确保能够支持组织的战略发展。具体做法包括：薪酬普调，如普涨、普降以及最低工资标准调整等；岗位调薪，即根据组织成员职位变动进行的薪酬调整。

8.3.2　公共部门人力资源能力薪酬

8.3.2.1　公共部门人力资源能力薪酬的含义及特点

公共部门人力资源能力薪酬是以任职者所具备的能力来决定其基本薪酬，而不是根据职位价值的大小。能力薪酬的假设是员工都是能力强的人，一定能产生高的绩效，从而对组织的贡献越大，也应获得更高的薪酬。

（1）能力薪酬的优点

①能够促进人们主动学习，不断拓展知识、提升技能，并有助于构建学习型组织。

②为组织成员提供多种发展渠道，避免产生"拥挤效应"和"天花板效应"。

③促进组织成员能力的提升，便于人员水平向流动，支持组织核心能力的培养。

（2）能力薪酬的缺点

①难以确定组织成员到底应该具备哪些能力以及如何评价、如何培训等，从而加大了组织的管理成本。

②职位晋升机会少，组织成员缺乏成就感。

8.3.2.2　公共部门人力资源能力薪酬设计

（1）知识薪酬和技能薪酬设计

知识薪酬是根据任职者所拥有的与工作相关的知识来决定基本薪酬，而技能薪酬是根据任职者所掌握的与工作相关的技能来决定基本薪酬，由于二者的操作方法基本一致，故以技能薪酬为例来说明。

技能薪酬可以根据组织成员技能的宽度和深度来设计。技能深度是指组织成员掌握的与工作相关的某一种或几种技能的深度，即技能等级的高低。技能等级越高，难度越大，就会获得更高的薪酬。技能宽度为水平方向，技能深度为垂直方向。技能薪酬的常用模型有以下几种。

①阶梯模型　阶梯模型是将一个职系中的工作从入门到复杂划分为几个阶梯，将员工的技能与薪酬紧密连接起来。这反映出了薪酬水平的逐渐提高。

②技能模块模型　技能模块模型指将一个职系的工作所需要的技能划分为若干技能模块，组织成员在掌握入门技能后可以选择技能等级，参加相应的培训和鉴定。它与阶梯模型的区别主要体现在阶梯模型是从低到高循序渐进逐级获得技能，而技能模块模型是根据自己的偏好、技能水平等实际情况确定职位。技能模块模型不仅强调深度即垂直技能，还

强调宽度即水平技能。该模型更能体现任职者的技能,从而更有利于激发员工努力掌握新技能。

③工作积分累计模型　工作积分累计模型是指对每项技能进行评价,并按评价得出的点数排序的薪酬模型。

（2）能力薪酬设计

能力薪酬是根据任职者所拥有的与工作相关的能力或胜任力来决定基本薪酬。实施能力薪酬制的前提是组织必须建立起能力评估体系,通过对员工能力的评估,根据组织成员能力的变化,对其薪酬等级进行相应调整。

①建立能力模型　能力模型可以分为通用能力模型和分层分类能力模型。通用能力模型是指组织根据战略要求和关键成功要素而建立的适用于全体人员组合类模型,其特点是便于不同人员之间的比较,具有内部一致性,但是不能反映具体工作情境对任职者的能力要求；分层分类能力模型则是根据成员能力的不同,按照不同能力类别确定成员职位,其模型建立与胜任力一致。其特点是需要对能力进行分级,并明确界定各个等级。

②确定能力价值　确定不同类别的能力所代表的价值,需要先对每项能力在市场上所获得的薪酬进行调查,然后依据调查结果确定本组织内每项能力的价格。

③建立以能力为基础的薪酬结构　基于能力的薪酬结构多采用宽带薪酬结构。根据每个宽带的平均能力要求以及每项能力各个级别的定价,得出该薪酬宽带的中间值,确定每个宽带的薪酬范围、最高值和最低值。具体与上述职位薪酬的薪酬结构设计中的方法相类似,确定每一类或每一级能力的薪酬。

④评估成员能力　通过评估组织成员能力,确定其薪酬。能力薪酬的成功运用,需要掌控以下5点：一是明确能力薪酬的适用对象；二是明确能力的来源和前提,进而对能力进行清晰界定和分层、分类、分级,并建立起能力鉴定和认证机制；三是注意能力模型的维护、调整；四是保持与组织成员的充分沟通；五是将团队及绩效结果作为补充因素,纳入能力模型的考量范围。

8.4　公共部门人力资源绩效薪酬

8.4.1　公共部门人力资源绩效薪酬的含义

与绩效有关的薪酬概念有多种,如：① merit pay,可译为绩效加薪、绩效工资、业绩工资；② merit bonus,可译为业绩奖金、业绩红利、奖金；③ incentive pay plan,译为激励薪酬计划；④ pay for performance,即按绩效支付薪酬,是一种较为笼统的说法；⑤ variable pay,即可变薪酬。其中,绩效加薪通常是指基本薪酬随着绩效的提升而增加的部分；业绩奖金是一种一次性支付薪酬,一般用于奖励员工在某段时间内取得的良好业绩；激励薪酬计划是作用于未来的工作绩效；按绩效支付薪酬是指按照员工表现及其绩效,为员工支付的经济性薪酬奖励；可变薪酬既包括短期的也包括长期的。

与基本薪酬相比,绩效薪酬主要是作为可变成本,能够增强组织薪酬的灵活性,能够激励员工为获得更多薪酬而努力。但是,绩效考核的难度较大,也可能加剧内部竞争,甚至造成成员间的恶性竞争，最终影响组织绩效。

8.4.2 公共部门人力资源个体绩效薪酬

8.4.2.1 计件工资制

计件工资制是根据产出水平和每件产品的工资率来支付薪酬。这分为直接计件工资制和有保障计件工资制。

8.4.2.2 标准计时工资制

标准计时工资制是指根据生产效率高于标准水平的比例支付给组织成员同等比例的薪酬。标准计时工资制是在一定的工作标准基础上，根据节省的工作时间或单位时间内提高的工作效率来确定薪酬的。这种工资制度结合了计件工资制的特点，用效率标准替代了计件工资制中的产量标准，衍生出了多种形式。比较适用于周期长、技能要求高、非重复性的工作，而且简单易行，不过仍难以克服计件工资制的缺点。

8.4.2.3 绩效奖金

绩效奖金是指根据绩效考核结果所给予的一次性奖励，即一次性奖金。这与绩效加薪有些类似，但没有针对绩效不良者的惩罚，被认为是绩效调薪的替代方式。这不仅可以有效解决薪酬水平已经处于薪酬区间最高点的组织成员的薪酬激励问题，还可以有效避免组织固定薪酬成本的增加。绩效奖金的成本要远低于绩效加薪。绩效加薪不能过于频繁，而绩效奖金则无此制约。因此，二者应配合使用，以保证员工对薪酬制度的公平感与认可度。

在实际执行中，组织不仅要考虑个人的绩效，也要考虑团体或部门的绩效，以及组织的整体绩效。计算的基数可以根据基本薪酬来确定，也可以根据组织所规定的基数来确定。

8.4.2.4 特殊绩效认可计划

特殊绩效认可计划是指组织针对远超出工作要求，实现了高绩效或做出重大贡献的个人或团队额外给予的一种奖励或认可。其类型多种多样，包括度假、现金、实物等。其灵活性大大弥补了绩效调薪的局限性。

8.4.3 公共部门人力资源群体绩效薪酬

公共部门人力资源群体绩效薪酬是指以团队（部门）或组织的绩效为依据而支付的薪酬。与个体绩效薪酬相比，它的优点主要在于使组织成员更加关注团队和组织绩效。

8.4.3.1 利润分享计划

利润分享计划是指根据对代表组织绩效的某种指标的衡量结果来支付薪酬，如利润。一般有3种形式：一是现金现付制，即以现金形式即时兑现；二是递延滚存制，即不立即发放，而是转入组织成员的账户，留待以后发放。有的还规定了以后发放的相应条件；三是混合制，即上述两种形式的结合。

8.4.3.2 收益分享计划

收益分享计划是指组织与组织成员分享因生产率提高成本节约和质量提高而带来的收益的绩效奖励模式。一般是先设计好收益分享公式，然后根据本人所属群体或部门的绩效改善状况进行分配。

8.5 公共部门人力资源薪酬管理关键决策

8.5.1 薪酬管理的导向及原则

8.5.1.1 战略导向的薪酬管理

薪酬管理必须以战略为导向，薪酬战略是组织薪酬系统设计及管理工作的行动指南，也是基本原则的一种，为组织人力资源发展战略的实现提供了相应的保障。薪酬战略是组织管理人员根据具体的经营环境可以选择的全部支付方式，具体包括：薪酬决定标准；薪酬支付结构；薪酬制度管理。薪酬战略的设计是直接关系到薪酬激励系统成败的关键性课题。薪酬技术的选择、薪酬系统的设计及其执行过程是影响薪酬战略有效执行的关键。

8.5.1.2 薪酬管理的原则

合理制订、有效实施的组织薪酬战略，可以发挥激励杠杆作用，将组织的战略意图传递给员工，并充分调动员工的积极性。组织薪酬战略要与组织的发展阶段现状、战略目标、结构等相匹配，并起到支持作用。薪酬管理原则是组织价值观的体现。因此，有效的薪酬管理应遵循以下原则：

（1）有效性原则

有效性强调薪酬管理系统能在多大程度上帮助公共部门实现预定的目标，是各类组织制定整体性薪酬战略需考虑的首要原则。另外，薪酬管理要注意人工成本的控制，不能无限制地提高薪酬标准，在保证薪酬体系激励性的同时，也要注意薪酬的经济性。

（2）公平性原则

组织内部薪酬差距决定着员工是否愿意承担更大的工作责任，以及是否愿意额外地进行培训以提高自己的工作适应性。当员工取得了一定的成绩并获得了报酬以后，他不仅关心报酬的绝对量，还会关心报酬的相对量。因此，个体会进行种种比较来确定自己所获报酬是否公平合理，比较的结果将直接影响到今后工作的积极性。因此，薪酬管理系统要注重公平性，保证员工的获得感与成就感，实现对员工的持续激励。

（3）外部竞争性原则

外部竞争性是将薪酬收入水平与外部单位相比较，强调薪酬的竞争性。与企业相比，公共部门大都属于非营利性组织，其工作人员也相对而言更加看重稳定性、责任、发展机会等内在报酬，对财务性报酬的偏好相对较低，这也是为何很多优秀人才放弃企业高收入而进入公共部门工作的重要原因。但也不可否认薪酬仍是公共部门引才、用才和留才的一个重要因素。因此，公共部门要在保证成本合理性的前提下，努力提升组织的外部竞争性，以保证优秀人才的相对稳定。

（4）合法性原则

合法是企业薪酬战略决策的目标之一，各类组织都需要遵守。除了关于薪酬的一些基本法律，很多国家都出台了针对公共部门薪酬管理的专门法规，如美国《联邦雇员工资法》、德国《联邦公务员工资法》、日本《一般职公务员工资法》与《特别职公务员工资法》等，都是公共部门薪酬设计的依据。因此，对于公共部门而言，薪酬管理的合法性原则非常重要。

8.5.2 薪酬体系

8.5.2.1 基本薪酬

基本薪酬主要包括基于职位和基于个人2种类型。

（1）基于职位的薪酬

基于职位的薪酬是指员工的薪酬或工资是按照员工在组织中所占据的特定职位来发放的。员工薪酬的高低由职位的价值所决定。其最大特点是对岗不对人，体现以工作为中心。

（2）基于个人的薪酬

基于个人的薪酬是根据员工所掌握的与工作有关的技能、能力和知识的程度确定基本薪酬，是以人而不是职位为基础确定的基本薪酬。基于个人的薪酬比较灵活，成本不易控制，很多公共部门在薪酬管理方面刚性较强，操作起来比较困难，因此这种薪酬体系在公共部门中应用较少，或仅作为职位薪酬体系的补充。但是在一些组织中也有所尝试，如针对高级专业人才提供特别的薪酬，或是基于员工获取职业资格证书情况给予薪酬方面的奖励等。

8.5.2.2 绩效薪酬

绩效奖金与绩效调薪都是以基本薪酬体系为基础，根据员工绩效考核结果来调整薪酬水平的薪酬制度。

（1）绩效奖金

绩效奖金也称为一次性奖金，其实质是"岗位价值押金"。绩效奖金的发放是根据员工的绩效考核结果，属于薪酬体系中的补充性薪酬部分。但应注意的是，即使员工绩效不达标，也不会罚款。科学、合理的绩效奖金可以帮助组织实现战略目标，也能帮助组织提升绩效水平。

（2）绩效调薪

绩效调薪是指根据员工绩效评价的结果，相应调整员工未来薪酬的基本水平的一种薪酬管理方案。这种调整是对工资基数的调整，是一种累计性的调整。组织根据员工的年度绩效评价等级，每年分别确定不同的调薪比例。与绩效评价相关的调薪就是绩效调薪。与绩效奖金的情况类似，绩效调薪也有一些不同的具体实施方式。

8.5.3 薪酬等级结构

在确定薪酬等级结构时，需要对以下几方面进行设计。

（1）薪酬等级

薪酬等级是以岗位评价和岗位分级的结果为依据，根据岗位评价得到的每个岗位的最终点数，划分岗位等级，并使薪酬与岗位等级一一对应。

（2）薪酬档次

薪酬档次比薪酬等级的区分更为细致。在实际薪酬管理中组织可根据员工的能力、绩效等情况，将薪酬等级进一步细分。

（3）薪酬级差

薪酬级差是指不同等级之间薪酬相差的幅度。

（4）浮动幅度

浮动幅度是指在同一个薪酬等级中，最高档次的薪酬水平与最低档次之间的薪酬差距。

（5）等级重叠

等级重叠是指各个相邻的薪酬等级浮动幅度在数值上的交叉程度。典型的薪酬等级结构设计包括窄带薪酬和宽带薪酬。窄带薪酬等级多，每一个等级的薪酬幅度相对较小；宽带薪酬等级较少，每一个等级的薪酬幅度则相对较大。宽带薪酬是一种使组织扁平化、倡导团队导向和能力导向、与新型管理战略理念相匹配的薪酬结构。但也会在一定程度上，导致员工晋升困难、组织的管理成本增加、组织绩效管理压力增大等问题的产生。

8.5.4 薪酬水平

薪酬调查是帮助各类组织确定薪酬水平的有效途径，具体是指通过各种渠道获得相关组织各个职位的薪酬水平及相关信息的过程。

8.5.4.1 薪酬调查

薪酬调查主要按以下步骤进行：

①确定薪酬调查的职位。此环节最重要的任务在于确定需调查的目标职位。

②确定薪酬调查的对象及范围。

③确定薪酬调查的渠道和方式。还可以使用电话调查和网络调查等作为补充手段。

④设计薪酬调查表并开展实际调查。无论采取何种薪酬调查方式，都需要采用一个薪酬调查表记录所获取的信息。

8.5.4.2 薪酬调整

（1）定级性调整

薪酬定级是对那些原本没有薪酬等级的员工进行薪酬等级的确定。

（2）物价性调整

物价性调整是为了补偿因物价上涨给员工造成的经济损失而实施的一种薪酬调整方法。公共部门需要关注物价的变化情况，合理调整员工的薪酬水平。

（3）工龄性调整

公共部门薪酬构成中一般含有工龄工资（或年功工资），随着时间的推移和员工在本单位连续工龄的增加，要对员工进行提薪奖励。

（4）考核性调整

考核性调整是根据员工的绩效考核结果，每达到一定的合格次数即可以提升一个薪酬档次的调整薪酬的方法。

（5）奖励性调整

奖励性调整一般用在当一些员工做出了突出的成绩或重大的贡献后，为了使他们保持这种良好的工作状态，并激励其他员工积极努力，向他们学习而采取的薪酬调整方式。

8.6 公共部门人力资源的福利与保险

8.6.1 福利的含义与意义

广义上，福利是组织采取的有关改善员工生活质量的公益性事业和所采取的措施。福利与社会保险同属于社会保障体系，但存在着根本的区别：

（1）目标不同

社会保险是为了保障个体生活水平，而福利的目标在于使人们的生活水平在原有的基础上进一步提高。

（2）作用性质不同

社会保险一般为法定的；福利既有法定的，也有组织依据实际情况自主建立和实施的。

（3）享受条件不同

社会保险需要享受者缴纳一定保险金，且需要一定的缴纳年限后，才可享用；福利不需要享受者为之付出代价，也就是说，享受福利待遇是无特定条件的。

8.6.2 津贴制度

工作环境有好坏之分，在恶劣环境下工作的人员，不得不承受更多的生理与心理上的损害，这种劳动负效用就需要得到补偿。另外，有些工作场所、工作时间需比正常情况下支出更多的生活费用，也需要对此进行补偿，以保证实际生活水平与先前持平。

8.6.2.1 津贴的特点

津贴作为薪酬的辅助形式，具有以下特点：

①津贴与工作者的劳动数量和质量不发生直接关系。
②每种津贴都有特定的补偿目标，具有单一性、针对性的特点。
③津贴具有均等分配的特点。
④津贴一般在标准工资的 10%~40% 幅度内浮动。

8.6.2.2 津贴的种类

（1）地区附加津贴

地区附加津贴主要反映地区经济发展水平、物价消费水平等方面的差异。全面平衡，确定地区津贴标准，有利于在全国工资标准统一的原则下，保证不同发展水平的地区间公职人员的生活质量。

（2）艰苦边远地区津贴

艰苦边远地区津贴主要是根据自然地理环境、社会发展等方面的差异，对在艰苦边远地区工作生活的工作人员给予的适当补偿。

（3）岗位津贴

在特殊岗位工作的人员，实行岗位津贴制度。岗位津贴根据公务员的岗位性质和劳动条件确定。包括公安人员岗位津贴、税务人员岗位津贴、卫生防疫津贴等数十种。

8.6.3 保险制度

8.6.3.1 养老保险

养老保险是指劳动者达到国家规定的退休年龄，或因年老丧失劳动能力，退出劳动领域，由社会提供经济帮助，保障其基本生活，以安度晚年的社会保险项目。

总的来说，可分为以下 4 种典型模式。

（1）投保资助型养老保险模式

投保资助型是以被保险人自保为主，国家适当予以资助。政府通过立法的形式，作为强制性实施的依据，社会共同负担、社会共享。

（2）福利型养老保险模式

福利型养老保险以普遍性原则为基准，范围包括"从摇篮到坟墓"的各种生活需要。这一养老保险制度需要有强大的经济实力作为基础。

（3）强制储蓄型养老保险模式

强制储蓄型是国家依法要求雇主和雇员缴纳的定额保险费，建立特别基金，专款专用，分别计入每个雇员的账户，由国家设立的基金会管理这些基金。

（4）国家统筹型养老保险模式

国家统筹型是社会主义国家以生产资料公有制为基础的一种社会养老保险制度。它的理论依据是马克思主义的社会保障学说，提倡"老有所养"。

8.6.3.2 失业保险

失业保险是指国家为因失业而暂时失去工资收入的员工提供物质帮助，以保障职工的基本生活，为失业人员重新就业创造条件的一项社会保险制度。失业保险与财产保险等商业险有别。

（1）失业保险制度的类型

① 强制性失业保险制度　即由政府通过立法强制实施的失业保险制度。美国、英国、日本、加拿大等 30 多个国家实行了强制性失业保险制度，我国实行的失业保险也属于此类。

② 非强制性失业保险制度　即非由国家立法强制实施，而是由劳动者的意愿决定是否加入所实施的失业保险制度。目前，这种类型以丹麦为代表，实行以工会为主建立失业保险基金，并由政府予以资助而建立的失业保险办法。

③ 双重失业保险制度　失业保险既有强制性失业保险，又有政府提供资金，以调查经济状况为发放失业金依据的补贴制度，如德国；或者采取失业救济制度与非强制失业保险制度相结合的办法，如瑞典和芬兰等。

④ 附条件的失业救济制度　即并非所有失业人员都能享受失业保险，只有符合一定条件的失业者才能领取失业救济，如澳大利亚、匈牙利、新西兰等。

（2）失业保险的构成

①失业基本津贴　失业基本津贴是失业保险待遇中的主要构成部分，用以保障失业者一定时间内的基本生活。

②失业救助金　失业救助金是在失业津贴给付期结束后，向仍未就业者、尚未成功就

业的新成长劳动力或是缺乏就业经历的重返劳动者提供的补充性资金。

③附加失业津贴　附加失业津贴是失业者供养的直系亲属津贴，被供养者越多，津贴额也越多。

④补充失业津贴　补充失业津贴是用人单位为其员工提供的津贴，用以保障员工失业后的生活水平。

8.6.3.3　医疗保险

医疗保险，狭义上指因罹患疾病而造成的直接医疗费用支出；广义上也称健康保险。其支出范围包括医疗费用，因疾病造成的收入损失补偿，孕产、残疾、死亡的补偿以及疾病的预防与康复、健康维护费用。

（1）医疗保险制度的类型

①免费型国民医疗保险　如英国、瑞典，国民没有任何条件限制，均可免费享受国民保健服务。

②现收现付型医疗保险　如德国、日本。

③个人积累型医疗保险　如新加坡。

④混合型医疗保险　如美国。

（2）医疗保险待遇

①疾病津贴　疾病津贴的计发方式有3种：与患病前工资挂钩、与工龄挂钩、按统一标准给付。

②医疗服务　医疗服务包括患者的医疗服务和被抚养者的医疗服务。

③被扶养者补助　劳动者患病后暂时失去收入来源，会影响其抚养的未成年子女的生活。因此，面向被抚养者发放一定金额的补助，以保障患病劳动者家庭的基本生存。

④病假　病假也是社会医疗保险待遇的一部分，其期限同领取疾病津贴的期限相同。

（3）工伤保险

①工伤保险制度的类型　第一种是国家统一实行强制性的工伤社会保险，这是最普遍的类型；第二种是国家强制用人单位向商业保险公司投保，为其员工遭受工伤事故时提供基本保障；第三种是国家规定用人单位必须为其因工受伤的雇员赔偿经济损失。

②工伤保险制度实施的原则

a. 无责任补偿原则。无责任补偿原则是指工伤事故发生后，无论事故责任在谁，都应及时对受伤者进行经济补偿，又称补偿不究过失原则。

b. 因工受伤与非因工受伤的区别。因工受伤者享受的医疗服务范围和伤残津贴水平要明显高于非因工受伤者。

c. 直接经济收入和间接经济收入的区别。直接经济收入是指因工受伤者的第一职业的劳动报酬，这是工伤保险的补偿内容；间接经济收入是指因公受伤者的其他收入，如兼职收入，属于工伤保险补偿的补充内容。

③工伤的确认　通常情况下，将因下述情况之一产生的伤害视为工伤：

a. 在工作中中毒、负伤、死亡。

b. 根据负责人的指令，从事非本职的临时性活动而中毒负伤、死亡。

c. 没有负责人的指令，但为维护单位或他人利益紧急排险而中毒、负伤、死亡。

d. 在工作现场从事本职工作时或上班途中发生非本人过失的交通事故而负伤、致残、死亡。
e. 在因公出差或调动工作途中发生非本人过失的交通事故而负伤、致残、死亡。
f. 从事抢险救灾等维护群众利益，保障社会安全的活动而中毒、负伤、死亡。
g. 患职业病的，在工作时间和工作场合内、因履行职责受到暴力等意外伤害的。
h. 因工外出期间，由于工作原因受到伤害或者发生事故下落不明的。

④工伤保险待遇　一般包括医疗服务、短期负伤津贴、残障恤金、丧葬费与遗属抚恤金等内容。国务院2003年4月发布的《工伤保险条例》第二条规定，一般来说公职人员因工负伤后，执行的是国家机关工作人员伤残抚恤办法，由民政部门按照伤残等级发给伤残抚恤金。但是，随着社会保险制度的完善与机构改革的深入，需要完善工伤保险体系，以维护公共部门的正常秩序，保障公职人员的合法权益。

（4）生育保险

生育保险是指妇女因怀孕、分娩等生育行为暂时丧失劳动能力而失去收入来源时给予其物质帮助的保险制度。我国生育保险构成如下：

①医疗服务　包括检查、接生、手术、住院、用药等项目，超出规定项目的医疗服务和用药费用由本人负担；生育出院后，因生育引起疾病的医疗费用由生育保险支付；小产或流产，经单位所在地计划生育部门证明，相关费用也由生育保险负担。

②产假　根据《女职工劳动保护制度规定》，产假一般为98d，其中产前休假15天，如系难产，则增加15天；多胞胎生育的，每多生育一个婴儿，增加产假15天；怀孕不满4个月流产时，享受产假15天；怀孕4个月以上流产时，享受产假42天。生育妇女职工产假期满后因病需要再休息治疗，则自产假结束时起，按病假规定确定休假期限及经济待遇。

③生育津贴　生育妇女在产假期间，按照所在单位上年度员工月平均工资的100%领取生育津贴。

④哺乳待遇　有不满一周岁婴儿的女职员，用人单位应当在每天工作时间内为其安排1小时哺乳时间；多胞胎生育的，每多哺乳一个婴儿，每天增加1小时哺乳时间。哺乳时间应算作工作时间。女职员在哺乳期内，其所在单位不得安排其从事国家规定的第三级体力劳动强度的劳动和哺乳期禁忌从事的劳动，不得延长其劳动时间和安排从事夜班劳动。

8.7　国内外公共部门薪酬管理实践

8.7.1　美国公共部门薪酬管理实践

美国公共部门薪酬管理实践的主要特点是严格依法支薪、决策程序严谨明确、工资构成较为合理。

8.7.1.1　美国联邦政府公务员薪酬概况

美国联邦政府共有30多个工资系统。公务员工资制度包括法定工资制度和其他工资制度。

（1）公务员基本工资

①常规工资体系　常规工资体系适用于普通公务员职位系列。

②弹性工资体系　弹性工资体系包括最高工资标准规则、雇用高资格条件者和特别需

要者的弹性工资、高级公务员弹性工资。

③津贴、补贴　美国公务员津贴和补贴主要包括2种：住宅津贴、生活津贴、岗位津贴。

④奖金　联邦政府奖励包括各种现金奖、工作成绩奖、政府推荐奖、高绩效提薪、荣誉与正式赞扬、休假奖励等。

（2）公务员福利保险

美国公务员福利制度包括年休假、家庭与医疗假、出庭假、骨髓与器官捐赠假、紧急事件假、应征入伍假和无工资假等。公务员可以享受带薪年休假，假期与其服务期紧密相关。

美国联邦公务员保险主要包括健康保险、集体人寿保险、养老金。

8.7.1.2　美国公务员工资确定原则与调整程序

（1）公务员工资确定基本原则

在每一工资区域内实行同工同酬；在每一工资区域内，工资差别水平应基于工作与表现的差别；联邦工资标准应与同一工资区域内同一工作性质的非联邦工资标准相比较；任何联邦与非联邦公务员间的工资不平衡现象都应消除。

（2）公务员工资增长机制

工资水平依据对非联邦政府雇员的工资调查结果而定，每年增长5%左右，一般不由财政预算规定。

（3）公务员工资调整程序

美国公务员工资调整一般由美国劳工统计局、美国联邦人事管理总署、联邦薪金委员会、总统工资管理办公室、总统、国会等共同完成。

8.7.1.3　美国公务员工资制度改革

（1）公务员绩效工资制度改革

自20世纪70年代以来，为缓解公共部门的财政危机、信任危机以及合法性危机，西方国家掀起了一场"新公共管理运动"。其中一项重要举措，就是通过绩效工资、雇佣合同等市场激励机制的引入，力图对公共部门的激励制度安排进行改革和重构。

1978年，美国颁布了《文官制度改革法》，拉开了公务员绩效工资制度改革序幕。

1984年，美国国会针对中级文官实施绩效管理认可制度，最大的革新在于取消基于个人绩效薪酬的奖励，创建广泛覆盖于整个政府部门的"绩效—奖金"关联公式并沿用至今。

（2）公务员宽带薪酬制度改革

鉴于薪资系统存在大量的问题，美国联邦政府于1980年率先开始进行宽带薪资试验，这极大简化了美国联邦政府薪资系统。试点组织通过实施宽带薪酬，提高了管理者和员工的满意度。

8.7.2　英国公共部门薪酬管理实践

英国是现代国家公务员制度的发源地，公务员薪酬管理制度较为完善。英国国家公务员划分为工业系统公务员和非工业系统公务员，分别实行不同的薪酬制度。同时，英国对高级公务员与低级公务员的薪酬管理也有所区别，分别实行年薪制和周薪制。

（1）基本工资

一般职员工资由文官事务委员会同国家惠特利委员会协商，决定一个原则意见后，再与公务员工会会谈确定。从 2004 年起，英国的高级公务员均实行新的薪酬管理制度，即一个单一的、不容许协商的薪酬制度。中央政府通过设置薪级"上限"统一制约各部门的薪酬管理，从而使同一等级内的最高工资与最低工资相差 70%。

（2）津贴

津贴部分主要包括：①伦敦地区津贴。凡在伦敦地区工作的司局长以下工作人员每年都能获得一定数量的津贴。②超时工作津贴。对于超过规定工作时间的公务员，按超时长短发给一定数额的津贴。③假日值勤津贴。公务员在节假日值班的，按本人日工资加倍发给津贴。④夜间勤务津贴。它分监督津贴和秘书津贴两种，对象是卫生监督员、电话交接员、部长及高级主管的秘书，按定额发放。⑤技能津贴。发放对象为打字员和电子资料员，按技能熟练程度定额发放。

（3）福利

英国公务员的福利主要包括如病假、事假、年休假、产假等的非经济性福利。各种假期在规定的范围内都不影响工资待遇。

8.7.3 我国公共部门薪酬管理实践

8.7.3.1 我国公共部门薪酬制度改革与发展

新中国成立至今，工资制度和工资幅度不断调整，每次改革都与当时的经济政治体制相适应，呈现出不同的时代特征。

第一次改革，我国的分配关系是从供给制基础上逐步形成和发展起来的。第二次改革，1985 年中共中央和国务院公布了《国家机关和事业单位工作人员工资制度改革方案》，开启了第二次全国工资制度改革。第三次改革，是为了建立社会主义市场经济体制框架，针对 1985 年工资制度改革存在的问题，我国在 1993 年进行了第三次大的工资制度改革。第四次改革，起始于 2006 年 6 月《国务院关于改革公务员工资制度的通知》及《事业单位工作人员收入分配制度改革方案》的相继颁布，标志着我国第四次工资制度改革的全面启动。第五次改革，根据 2013 年 2 月国务院转发的《关于深化收入分配制度改革的若干意见》工作任务，人力资源和社会保障部研究制定公务员薪酬体系改革方案，重点是提高基层公务员待遇。

8.7.3.2 公务员工资制度

（1）工资体系

①公务员基本工资 《公务员法》第七十九条规定，公务员实行国家统一规定的工资制度。职务工资是指按照职务高低、责任大小、工作繁重和业务技术水平等因素确定的工资额。职务与级别有一定的对应关系：职务越高，对应的级别越少；职务越低，对应的级别越多。上下职务对应的级别有所交叉，使低职务级别的公务员能够通过级别的上升提升工资。

②津贴、补贴 我国《公务员法》规定，公务员按照国家规定享受地区附加津贴、艰苦边远地区津贴、岗位津贴等津贴。其中，地区附加津贴主要反映地区经济发展水平、物价消费水平等方面的差异；艰苦边远地区津贴主要是根据自然地理环境、社会发展等方面的差异，对在艰苦边远地区工作生活的工作人员给予适当补偿；岗位津贴是针对特殊岗位的工作人员设置的。不同的地方、单位在公务员津贴补贴方面具有一定的差异性。

③奖金　根据《国务院关于改革公务员工资的通知》(2006)第二条第五项规定：对公务员实行年终一次性奖金。对年度考核称职(合格)及以上的工作人员，发放年终一次性奖金，奖金标准为本人当年12月的基本工资。

(2)工资调整机制

建立工资调查制度，定期进行公务员和企业相当人员工资收入水平的调查比较。国家根据工资调查比较的结果，结合国民经济发展、财政状况、物价水平等情况，适时调整机关工作人员基本工资标准。

8.7.3.3　事业单位工作人员工资制度

(1)工资体系

根据人事部、财政部印发的《关于印发事业单位工作人员收入分配制度改革方案的通知》事业单位实行岗位绩效工资制度。岗位绩效工资由岗位工资、薪级工资、绩效工资和津贴补贴4部分组成，其中岗位工资和薪级工资为基本工资。

①基本工资　岗位工资主要体现工作人员所聘岗位的职责和要求。事业单位岗位分为专业技术岗位、管理岗位和工勤技能岗位。专业技术岗位设置13个等级，管理岗位设置10个等级，工勤技能岗位分为技术工岗位和普通工岗位，技术工岗位设置5个等级，普通工岗位不分等级。

②绩效工资　绩效工资主要体现工作人员的实绩和贡献。国家对事业单位绩效工资分配进行总量调控和政策指导。事业单位在核定的绩效工资总量内，按照规范的程序和要求，自主分配。

③津贴补贴　事业单位津贴补贴，分为艰苦边远地区津贴和特殊岗位津贴补贴。艰苦边远地区津贴主要是根据自然地理环境、社会发展等方面的差异，对在艰苦边远地区工作生活的工作人员给予适当补偿。艰苦边远地区的事业单位工作人员，执行国家统一规定的艰苦边远地区津贴制度。

(2)工资调整机制

①正常增加薪级工资。

②岗位变动调整工资。

③调整基本工资标准。

④调整津贴补贴标准。

8.7.3.4　我国公共部门薪酬制度存在的问题及对策

(1)我国公共部门薪酬制度存在的问题

公共部门薪酬制度存在的问题突出表现在以下几个方面：

①薪酬体系难以体现绩效水平　我国公务员工资制度是一种典型的职位薪酬体系。在职位薪酬体系下，具有"终身制"的色彩，而与本人在该职务或级别上工作所做出的贡献没多大关系，即公务员工资收入水平难以体现公务员绩效高低。

②薪酬结构不能反映职位差别　长期以来，我国公务员薪酬结构一直采用单一的窄带结构，不能反映公务员所任职位的差别。处于同一职务或级别的不同种类的公务员虽然从事不同的具体工作，但由于他们处于同一工资等级范围内，因此工资收入雷同。这种忽略职位差异的看似"公平"、简单化的工资结构直接引发政府机关收入分配上的"大锅饭"

和平均主义，不仅激励功能有限，而且还导致事实上的不公平。

③薪酬构成无法落实公平原则　长期以来虽然《公务员法》对基本工资有统一的相关规定，但事实上，国家还缺乏有效、统一的法律规范和监管手段。各地、各部门津贴、补贴、福利自行发放，称谓不一、名目繁多、数量迥异；各种"隐形收入"或"灰色收入"形态各异、不一而足。一些经济状况好的部门，随意增发员工津贴、补贴和福利等，那些发达地区、重要行业、实权部门的员工工资增速明显更快，这样导致不同地区、行业与部门之间员工收入差距无限制地扩大，无法真正落实公务员工资管理的公平性原则。

（2）完善我国公共部门薪酬制度

①完善薪酬管理相关法律法规　健全的薪酬法律法规是公共部门薪酬管理的重要保证。西方国家就非常重视公务员工资管理法制建设，纷纷出台相应的法律，包括美国《联邦雇员工资法》、德国《联邦公务员工资法》、日本《一般职公务员工资法》与《特别职公务员工资法》等。与西方发达国家相比，我国公共部门薪酬法制化建设明显滞后，仅出台了与公务员薪酬相关的条例、方案或规章制度，如《公务员工资制度改革方案》（2006年）、《关于完善艰苦边远地区津贴制度实施方案》（2006年）、《公务员奖励规定（试行）》（2008年）、《机关事业单位工作人员带薪年休假实施办法》（2008年）等。在贯彻落实《公务员法》的过程中，有必要结合中国国情，整合相关配套法规，详细规定公务员薪酬的形式、结构、设计依据、薪酬变动、管理程序、管理责任等；进一步完善职务工资与级别工资，清理、规范公务员津贴、补贴、奖金；按照公务员福利市场化、社会化、货币化原则，健全福利管理制度，开发内容丰富、形式多样的公务员福利；健全公务员保险制度，保障公务员在退休、患病、工伤、生育、失业等情况下获得帮助和补偿；规范公务员退休程序，适时建立公务员养老金制度，不断提高退休待遇。

②切实推行干部财产公开与申报制度　财产公开与申报制度是现代公务员制度的重要组成部分，也是对领导干部实施有效监督的重要手段。我国应制定并实施"阳光工资法案"，切实推行干部财产公开与申报制度，确保干部岗位工资、职级工资、津贴标准、福利项目及家庭财产等公开、透明，便于立法机构和公众舆论进行监督，从而杜绝"隐形收入"和"灰色收入"。鼓励地方和部门进行改革探索和试点，切实加强引导，在认真总结地方和部门改革经验的基础上，逐步在全国范围推行。

③逐步实施绩效工资制度　政府部门要提高公务员的工作积极性和工作效率，需要重视基本工资之外的绩效工资的激励作用。我国《公务员法》提出公务员工资制度贯彻按劳分配的原则，将工作实绩作为公务员薪酬决定的重要依据。国务院又决定在事业单位分步推行绩效工资制。但是，绩效工资制在我国公共部门的实施效果却并不理想。究其原因，主要存在诸多障碍和难点。其中，绩效评价体系不完善与宽带薪酬结构匮乏是两个重要的现实难题。为此，我国公共部门应推行绩效管理制度，完善科学的绩效评价体系，健全绩效评价结果与工资收入紧密结合的分配机制；同时，变革单一的窄带薪酬结构，逐步导入并推行宽带薪酬结构，为保证绩效工资的有效实施提供有力支撑。

④建立科学的薪酬调节机制　我国应针对不同地区部门公务员工资差距建立地区及部门工资调整系数，并针对不同层级公务员工资差异确立工资差距比例系数，促使公务员工资政策适当向基层与艰苦边远地区或部门倾斜，以消除公共部门收入分配差距过大的矛盾。

同时，完善公务员工资调查制度，以健全公务员工资水平与企、事业单位工作人员工资水平间的协调机制。增强工资调查制度的透明度，将调查的目的、时间、程序、样本选择以及如何使用等及时公之于众，加强调查结果使用的制度建设，保证调查结果的正确运用。

⑤完善保险制度　坚持社会保险和商业保险相结合，自愿保险和强制保险相结合，充分利用市场手段，完善公务员医疗、失业、生育、工伤保险制度，适时构建公务员养老保险制度。根据公共部门的岗位特点和工作性质，依法设计灵活的险种，以满足公职人员多元化的需求。

【本章小结】

人力资源的薪酬设计和管理是一项关系到资源分配、补偿与保障、激励与利益平衡的重要管理事项，其技术含量相当高。围绕着组织战略薪酬的制度设计和发展，本章介绍了薪酬的基本内涵与公共部门薪酬的原则，接着介绍了薪酬形式，着重讲述了激励薪酬的各种形式。最后，本章阐述了薪酬管理中的前沿问题，即高级管理人员的薪酬制度。同时，公共部门人力资源的福利、津贴、保险制度，作为薪酬制度的必要补充，对工作人员享有法定的工作、生活条件，预防和提供工作人员因意外承担的风险保障，具有重要意义。本章在介绍了相关国家公共部门福利制度的基础上，以我国公共部门现有福利、保险制度及其存在的问题为主线，全面地阐述了福利、保险制度规定的基本内容。

【关键术语】

薪酬　内在薪酬　外在薪酬　薪酬等级　职务薪酬制　职等薪酬制　结构薪酬制　职务级别薪酬制　薪酬形式　计时薪酬制　计件薪酬制　激励薪酬　管理层收购　福利　补贴　地区性津贴　岗位性津贴　补助　休假制度　津贴　社会保险　养老保险　失业保险　医疗保险　工伤保险　生育保险

【复习思考题】

1. 简述薪酬的含义及其作用。
2. 简述薪酬确定的基本原则。
3. 简述薪酬等级制度及其主要类型。
4. 简述职务薪酬制及其主要特征。
5. 简述结构薪酬制及其优点。
6. 简述美国高级文官薪酬改革的内容。
7. 简述福利的实施原则。
8. 简述我国传统福利制度的问题和改革方向。
9. 简述薪酬与福利的关系。
10. 简述养老保险的模式。
11. 简述失业保险制度的类型。

第9章 农林公共部门人力资源管理

9.1 农林公共部门人力资源概述

9.1.1 农林人力资源的界定

农林是农业与林业的简称，农林人力资源是农林行业内从业人员的总和。农林人力资源不但包括种植业、养殖业等农林生产人员，也包括农林生产资料生产与供应及农产品加工、贮存、运输、销售、质量和卫生检查监督、消费指导服务等从业人员。

9.1.2 农林人力资源的体系

从我国相关部门的统计口径和上述对农业及农业人力资源范围的划分来看，农林人力资源应该包括农林生产人员、农林专业技术人员、农林管理人员和农林企业从业人员4个部分。

（1）农林生产人员

农林生产人员就是从事农林生产的人员，在此主要指农村劳动力，即农民。由于生产规模小，土地对于他们具有十分重要的意义。土地不仅是他们的生产工具，更是他们生活的唯一保障，这也在一定程度上加剧了农林生产的非职业化。由于农林相对效益较低，活跃的乡土人才越来越呈现出兼业农户的趋势。

（2）农林专业技术人员

农林专业技术人员主要包含2部分：农林技术推广体系的产业人员，主要承担农林新技术的推广利用和农业生产技术管理；农林管理部门的专业技术人员。一般来说，各地农林技术推广系统分省（区）级、市（州）级、县级、乡（镇）级，各级人员队伍有一定的差别。但是，总体来说高级人才主要集中在省（区）级和市（州）级，真正在农林推广一线的高级人才较少。

（3）农林管理人员

农林管理人员主要指管理和指导农业生产及加工领域的人员，主要是指国家机关从业人员。虽然目前这类人才还不多，但他们在指导农林生产、协调农林人力资源开发与管理、加快实现农业现代化方面发挥了重要的引领和示范作用。

（4）农林企业从业人员

农林企业从业人员是指在农林企业工作的人员。农林企业包含范围很广，在人口统计上也有不同的方法。

9.2 农林公共部门人力资源建设历史

9.2.1 农业人力资源开发的发展历程

（1）探索阶段（1949—1978年）

三年国民经济恢复期后，我国开始了大规模的经济建设，工业部门吸收了1000多万农村劳动力，是农村人力资源开发的成功尝试。随后，人民公社制度的实施，将农村劳动力固定在有限的土地上，从事"小农业"。1952—1978年间，农村劳动力占社会总劳动力的比重长期在80%徘徊，使得大量农村人力资源闲置。

（2）起步阶段（1978—1988年）

20世纪80年代初期开始，农业劳动力开始以空前的速度向非农业领域转移。1982—1985年农村非农就业人数净增2909万；1985—1988年，非农就业人数增加1897万。这期间，乡镇企业是吸纳农村劳动力的主要载体，农民"离土不离乡，进厂不进城"。农业内部，国家鼓励农、林、牧、副、渔五业并举，农村产业结构得到优化、农村劳动力就业空间得到拓宽。

（3）扩展阶段（1989—2002年）

三年治理整顿期间，大量农民工返乡。1991年下半年开始，经济步入高速增长的新阶段，农村劳动力呈现出加速转移的趋势。1992年农村非农劳动力总量增长了960万人，出现了令人瞩目的农村劳动力大规模跨地区流动现象。然而，随着城市经济吸纳就业能力的下降，"民工潮"趋缓。部分回流农民工，带着资金、技术回乡创业，形成"创业潮"、"开发潮"、"建城潮"。

（4）提高阶段（2003—2016年）

政府提出全面建设小康社会的目标，认为"我国目前在总体上已到了以工促农、以城带乡的发展阶段"，推行农业补贴、税费减免等一系列惠农政策，迎来农村人力资源开发的黄金期。

9.2.2 林业人力资源建设的发展历程

自1949年中华人民共和国成立以来，我国成立中央人民政府林垦部，促进林业产业的发展。1950年，林垦部在北京召开第一次全国林业业务会议，确定普遍护林、重点造林、合理采伐和合理利用的林业工作方针。1951年，我国将林垦部更名为林业部，统一领导全国国营木材生产和木材管理工作。至改革开放以后，我国将林业部改为林业局，我国林业产业得到快速发展。并且在参与国际事务中发挥了积极影响，赢得了世界各国的认可和尊重。然而，随着我国林业产业的发展，林业产业人才队伍建设问题滞后于产业发展实际，直至改革开放，林业人才队伍建设问题才逐渐受到重视。在林业现代化进程中，我国于20世纪80年代末提出了科教兴林战略。这一战略的提出和实施，极大地调动了林业科技人员的积极性和创造性，提高了林业科技、教育工作在我国林业现代化建设中的地位。

随着新世纪的到来，我国林业产业得到快速发展，林业产业人才的需求巨增。早在 2004 年，时任国家林业局局长周生贤就指出：必须坚定不移地走"人才强林"之路，为推动林业持续快速协调健康发展提供强有力的人才保证和智力支持。同年 7 月，国家林业局人事教育司组织各省（直辖市、自治区）林业厅和国有大型林业企业对全国林业管理人才队伍状况进行深入调查。国家林业局人才开发交流中心、中国林业产业协会、中国林产工业协会、中国林业教育学会、中国家具协会联合主办了多届林业产业发展与人才开发论坛，论坛旨在逐步探索林业人才开发的有效机制、林业人才在林业产业体系中的核心作用、中国林业产业发展的变革、林业产业发展的人才和团队建设、资源节约和生态环境保护等问题。论坛的成功举办也为林业企业和涉林院校、林业科研院所之间搭建了交流合作的平台，促进了林业产业良性发展，对进一步提升林业产业人才开发和管理水平产生了积极的推动作用。到目前为止，我国的林业人才与过去相比已经发生了很大的变化，林业产业人才队伍建设也随着人才强国和科教兴国战略的实施也在不断取得进步。

9.3 农林公共部门人力资源管理现状

9.3.1 我国农林牧渔业人力资源总体状况

9.3.1.1 农林牧渔业从业人员规模变化情况

1990—2010 年，我国农林牧渔业从业人员规模在逐年减少，全社会就业总规模增长了 16%，由于第一产业劳动力向第二、第三产业转移，同期农林牧渔业从业人员的规模减少了 22.2%。其中，前 10 年农林牧渔业从业人员规模减少了 875 万人，减幅为 1.9%；而后 10 年减少了 9490 万人，减幅高达 21%（表 9-1）。由此可见，21 世纪前 10 年的农林牧渔业从业人员向二、三产业转移的速度远高于 20 世纪末的 10 年。

表 9-1　1990 年、2000 年和 2010 年我国农林牧渔业从业人员规模进展情况

年份	总从业人数/万人	其中：农林牧渔业从业人数/万人	所占比例/%
1990 年	64 724	46 691	72.1
2000 年	71 266	45 816	64.3
2010 年	75 150	36 326	48.3

9.3.1.2 农林牧渔业从业人员的年龄结构情况

2000—2010 年，我国农林牧渔业从业人员逐步呈现老龄化的趋势，从业人员的平均年龄从 2000 年的 39 岁提高到 2010 年的 43 岁，增加了 4 岁。34 岁及以下的青年劳动力占第一产业总从业人数的比例，由 2000 年的 42.3% 降为 2010 年的 27.6%，下降约 15%；35~54 岁从业人员占比，由 42.9% 增长为 47.9%，增长 5%；55 岁及以上的从业人员占比由 14.8% 增长为 24.5%，增长近 10%（表 9-2）。

表 9-2　2000 年、2010 年农林牧渔业从业人员分年龄情况

年份	比例构成/%		
	16~34 岁	35~54 岁	55 岁及以上
2000 年	42.3	42.9	14.8
2010 年	27.6	47.9	24.5
2010 年与 2000 年增减	-14.7	4.9	9.8

9.3.1.3　农林牧渔业从业人员受教育程度变动状况

根据第五、第六次人口普查数据，2000—2010 年我国农林牧渔业从业人员的受教育程度有一定进步，但总体水平依然严重偏低（表 9-3）。

表 9-3　2000 年、2010 年农林牧渔业从业人员文化程度变动情况

年份	规模合计（万人）	规模及文化结构（万人/%）				平均受教育年限（年）
		小学及以下	初中	高中	大学专科及以上	
2000 年	45 816	25 197（55%）	18 422（40.2%）	2132（4.7%）	65（0.1%）	6.8
2010 年	36 326	15 783（43.4%）	18 217（50.1%）	2108（5.8%）	217（0.6%）	7.5

① 大专及以上文化程度的从业人员数，由 2000 年的 65 万人增加为 2010 年的 217 万人，增长了 2.3 倍；占农林牧渔业从业人员比例由 2000 年的 0.1% 增加为 2010 年的 0.6%。

② 高中文化程度的从业人员数，由 2000 年的 2132 万人减少为 2010 年的 2108 万人，减少 23 万人；占农林牧渔业从业人员比例由 2000 年的 4.7% 增加为 2010 年的 5.8%。

③ 初中文化程度的从业人员数，由 2000 年的 18 422 万人减少为 2010 年的 18 217 万人，占农林牧渔业从业人员的比例由 2000 年的 40.2% 上升为 2010 年的 50.1%，提高了 9.9%。

④ 小学及以下文化程度的从业人员数，由 2000 年的 25 197 万人减少为 2010 年的 15 783 万人，占农林牧渔业从业人员的比例由 2000 年的 55% 减少为 2010 年的 43.4%。

2010 年与 2000 年相比，我国第一产业 18~27 岁从业人员的受教育程度有一定的提升。其中，大专及以上文化程度的比例提升了 1.6%，高中文化程度的比例提升了 5.9%；受九年义务教育全面普及的影响，初中文化程度的比例提升最快，达到 11.5%。该年龄段人均受教育年限由 2000 年的 7.9 年提升为 2010 年的 8.9 年（表 9-4）。

表 9-4　2000 年、2010 年农林牧渔业 18~27 岁从业人员文化程度变动情况

年份	规模总计（万人）	受教育程度结构				人均受教育年限（年）
		小学及以下	初中	高中	大学专科及以上	
2000 年	8570.4	34.1%	60.7%	5.0%	0.2%	7.9
2010 年	5563.0	15.2%	72.1%	10.9%	1.8%	8.9
2010 年与 2000 年增减	-3007.4	-18.9%	11.5%	5.9%	1.6%	1.0

9.3.1.4 中美农林牧渔业人力资源发展水平比较

我国农林牧渔业从业人员受教育水平与农业强国美国相比，差距很大：

（1）人均受教育年限

2010年我国农林牧渔业从业人员只有7.5年，仅相当于初中二年级水平；而2006年美国农林牧渔业人员已达到12.3年，相当于大学一年级。我国比美国低了4.8年。

（2）文化程度结构

美国农林牧渔业从业人员以高中及以上文化程度为主体，所占比例为73.7%，而我国仅为6.4%；其中美国大专及以上文化程度的比例高达24.6%，而我国只有0.6%。

目前，我国农林牧渔业从业人员仍然以初中及以下文化程度为主体，所占比例为93.6%，而美国这一比例仅为26.3%（表9-5）。

表9-5 中美农林牧渔业从业人员文化程度比较

国别	文化程度构成（%）				平均受教育年限（年）
	总计	初中及以下	高中	大专及以上	
中国（2010年）	100	93.6	5.8	0.6	7.5
美国（2006年）	100	26.3	49.1	24.6	12.3

9.3.2 我国农林牧渔业分大行业的人力资源状况分析

9.3.2.1 五大行业从业人员规模增长情况

我国第一产业包含农业、林业、畜牧业、渔业和农林牧渔服务业五大行业，2000—2010年的10年，这五大行业从业人员规模变动情况较大。

①农业劳动力向二、三产业转移规模最大，从2000年的43 843万人减少为2010年的34 230万人，减少了9613万人，减幅为21.9%。

②林业劳动力规模有较大幅度增长，从2000年的197万人增加为2010年的270万人，增幅为37%，其主要原因为国家出台了退耕还林、绿化治沙和城镇园林和经济林发展等一系列政策，增加了林业的就业规模。

③畜牧业劳动力规模也有所增长，从2000年的1264万人增加为2010年的1342万人，增幅为6.2%，其主要原因得益于广大人民群众对肉、禽、蛋、奶产品需求的增加和现代畜牧业的发展。

④渔业劳动力规模有所减少，从2000年的359万人减少为2010年的330万人，减幅为8%，其主要原因是国家对近海和淡水捕捞业的控制和生态环境导致的水产品捕获量的下降。

9.3.2.2 分行业文化程度构成状况

我国5个行业类别的从业人员平均受教育年限都在10年以下。其中，畜牧业最低只有7.2年，农业为7.5年，林业和渔业分别为8.3年和8.1年（表9-6）。

①高中及以上文化程度所占比例，林业为16.1%，农业最低只有6.2%；其中，大专及以上文化程度所占比例，林业为4.7%，渔业为1.3%，农业为0.5%。

表 9-6 农林牧渔业分行业大类从业人员学历构成情况

2010年行业	规模（万人）	小学及以下	初中	高中	大学专科及以上	平均受教育年限（年）
合计	36 326	43.4%	50.1%	5.8%	0.6%	7.5
农业	34 230	43.4%	50.4%	5.7%	0.5%	7.5
林业	270	37.2%	46.7%	11.3%	4.7%	8.3
畜牧业	1342	49.5%	43.2%	6.3%	1.0%	7.2
渔业	330	36.2%	53.3%	9.1%	1.3%	8.1
农、林、牧、渔服务业	152	22.5%	47.1%	17.6%	12.8%	9.6

②初中及以下文化程度所占比例，农业为93.9%，其中43.4%从业人员只有小学及以下文化程度；畜牧业为92.8%，其中49.5%从业人员只有小学及以下文化程度。

9.3.3 第一产业农业技术人员受教育程度现状

我国农业技术人员规模很小，2010年有40.9万人，占第一产业从业人员的比例仅为0.1%。第一产业农业技术人员的平均受教育年限只有9.8年，其中大专及以上学历的比例不到20%，高中文化程度的比例为17%，初中及以下文化程度的比例高达66%（表9-7）。

表 9-7 2010年我国服务于农林牧渔业的农业技术人员学历构成情况

行业大类	农业技术人员（万人）	不同学历的构成				平均受教育年限（年）
		初中及以下	高中	大专及以上	其中：本科及以上	
合计	40.9	66%	17%	17%	5%	9.8
农业	20	83%	11%	6%	2%	8.5
林业	2.8	61%	20%	19%	7%	10.2
畜牧业	4.9	74%	15%	11%	3%	9.0
渔业	0.2	77%	19%	4%	2%	9.1
农、林、牧、渔服务业	12.9	37%	27%	36%	10%	12.0

9.3.4 第一产业生产劳动者的受教育程度状况分析

第一产业生产劳动者的平均受教育年限仅为7.5年，其中43.6%的生产劳动者只有小学及以下文化水平，50.2%的生产劳动者为初中文化水平，高中及以上文化水平的生产劳动者只占6.2%。

2006年美国农民高中文化程度的比例为54%，比我国高48%；大专及以上文化程度比例为11%，而我国只有0.5%。面对这一差距，我国明确了大力加强农学中、高等职业教育发展的目标（表9-8）。

表 9-8　2006 年我国农林牧渔业生产人员规模及文化程度情况

行业大类	规模合计（万人）	受教育程度构成				平均受教育年限（年）
		小学及以下	初中	高中	大专及以上	
合计	36 076	43.6%	50.2%	5.7%	0.5%	7.5
农业	34 142	43.5%	50.5%	5.6%	0.5%	7.5
林业	233	40.7%	47.8%	9.3%	2.2%	7.8
畜牧业	1315	50.2%	43.1%	6.0%	0.7%	7.2
渔业	313	36.8%	53.6%	8.7%	0.9%	7.8
农、林、牧、渔服务业	73	33.0%	48.8%	12.3%	5.9%	8.5

9.4　农林公共部门人力资源管理的必要性

农林人力资源开发与管理，就是要充分利用和发掘农林人力资源的生产力，提高农林人力资源的整体素质，促进社会经济的高效、优化发展。随着商品经济的发展，农林人力资源素质的相对低下已经难以满足经济社会发展。需求人力资源开发不同于自然资源和物资资源开发。原因在于，自然资源和物资资源是有限的，开发时间、深度受到的限制较大，有些资源甚至是不可再生的；而人力资源在这方面有相对的比较优势，人力资源是可再生的，如果开发和利用好人力资源，生产力水平将呈几何倍数增长，这已被许多国家的历史经验所证明。物资资源属于一种自然资源，即使不开发，也不会流失，是一种潜在的资源；如果人力资源不开发，不仅不能产生良好的生产力，提高生产效率，相反，他们将成为只消费不生产的消费者，成为经济社会发展的巨大负担。开发农林人力资源就是要把单纯的物资消费者转变为生产力，让他们既是消费者更是生产力，同时创造出更多的社会财富。农林人力资源的合理开发与利用，将对经济社会发展、农民收入、农林产业化和农村现代化的实现产生重要影响，最终实现农林业的可持续发展。

9.4.1　有利于推动社会经济发展

《中共中央关于进一步加强农业和农村工作的决定》指出：农业是经济发展、社会安定、国家自立的基础，农民和农村经济始终是中国革命和建设的根本问题。

没有农村的稳定和全面进步，就没有整个社会的稳定和全面发展；没有农民的小康，就难以实现全国人民的小康；没有农业的现代化，就会使国民经济的现代化受到影响。当代社会经济发展和劳动生产率提高的重要原因不是土地、劳动力数量和资本存量的增加，而是人的知识、能力和技术水平的提高；决定生产的因素已经不是空间、能源和耕地，而是人口质量的提高。然而，我国农林人力资源的开发严重滞后，农村人力资本的积累是非常薄弱的，农村劳动力素质虽有所提高，但仍处于普遍低下的状态，这与农林科技发展尤其是农林现代化要求相距甚远。如果将农村人力资源的巨大优势转化为经济优势并加以合理配置，就可以在一定程度上促进农村经济的快速发展，从而进一步促进国民经济的快速发展。开发与管理农林人力资源是巩固和加强农林在国民经济中的基础地位和实现农林现代化的必要条件。

9.4.2 实现农林产业化和农村现代化

农林产业化和农村现代化是我国农林适应社会主义市场经济要求的必然举措，也是实现农林现代化的必由之路。农林产业化经营是指农林生产以市场为导向，通过龙头企业带动、引导生产，以合同制、股份合作制为载体，以科技创新为驱动，按照现代企业制度进行运营。农村现代化就是适应农林产业化经营和社会主义市场经济的要求，发展涉农林产业，建立社会化的农林服务体系。农林产业化能够有效解决成千上万的农民进入市场、扩大经营规模和运用现代科学技术等问题，从而提高农林经济效益、农林的市场化程度和农民的素质。

我国农村正处于从传统农业向现代农业转变的历史阶段，随着农林产业化的进一步发展，提高产业化的科技含量，实现农林由资源依附型向知识依附型的转变，已成为迫切需要解决的问题。而科学技术的普及与应用则需要建设一支懂业务、会经营和善管理的农林科技人员队伍，这就必须在加强农林产业化建设的同时，注重加强农林的人力资源开发。人力资源的开发取决于质量的提高，人力资源质量提高的关键在于教育。因此，必须通过教育手段大力开发农村人力资源，促进农业产业化进程，提高农产品加工转化水平，以实现农林效益增长、农村工业结构调整和体制创新、农村产业结构优化升级等目标，最终实现对生产要素的优化配置，形成规模优势，以便取得最佳效益。

9.4.3 提高农民收入

近年来，农林生产中的科技含量不断提高，农民的经营范围日益扩大，农村第二、三产业的收入占农户家庭经营纯收入的比重不断提高。农村人力资源的文化素质成为影响农民收入的主要因素。具有较高素质和有一定技术的农民，商品意识较强，择业范围较大，会从第二、三产业获得较高收入。如果农民整体素质不高，将阻碍农村科技进步，制约劳动生产率水平的提高和农村剩余劳动力的转移，使农民收入结构单一、收入增长缓慢。农民素质越高、文化程度越高，获得的收入就越多。因此，开发农村人力资源，提高农民素质，是增加农民收入的主要措施和手段。只有农村劳动者素质不断得到提高，才能促使农村沉重的人口负担尽快转化为农业人力资源优势，最终实现农民增收。

9.4.4 有利于农林可持续发展

影响农业可持续发展的根本原因是人类对自然资源和环境资源的破坏而造成的自然资源、环境严重失衡。主要表现在3方面：①人口过快增长大大减少了人均资源，并成为生态破坏、环境质量恶化的根源；②为了满足人口膨胀需要，传统的经济增长方式不断破坏自然资源，持续削弱资源基础，使自然资源退化，一些主要自然资源已出现严重短缺、资源供需前景不容乐观等问题；③随着人口膨胀，农村的水资源污染、大气环境污染、固体废弃物及土地污染日益严重，使得自然生态环境不断恶化。

为了实现我国可持续发展的目标，满足生态文明建设的需求，必须转变农林生产方式，使农林发展由依靠自然资源的消耗转变为依靠科技开发和提高人的素质，使科学技术成果能够真正应用于生产，并转化为生产力。高素质的农林劳动力是实现这一目标的关键。因此，有效地开发农林人力资源，提高其文化素质和劳动技能，激活其智慧与创造力，发挥无穷潜能，是农业科技成果转化为现实生产力的保证，也是实现农林可持续发展的前提。

9.5 农林公共部门人力资源开发与管理对策

9.5.1 农业人力资源开发与管理

9.5.1.1 重视对农业人力资源的开发

要取得农业人力资源开发的良好成果，就必须要注重开展教育。要号召从事农业生产的农民积极地参加各项农业技术培训和理论知识学习。同时结合青年的发展，在职业教育中开展农业人力资源开发课程，为想要建设家乡、推动农业发展的学生提供就业机会和职业能力。此外，地方政府也要积极地协调和开发利用现有农业人员的人力资源，通过加大宣传、强化学习意识的形式，提升农业人力资源的综合素质。

9.5.1.2 推动基层农业人力资源开发体系的建设和完善

要想真正的实现农业人力资源的有效开发，就必须有一套完善的农业人力资源开发体系作为支撑。我国各级政府和相关的农业主管部门也应对农业的实际发展情况进行调研，积极改善农业生产、发展条件，来确保农业人力资源有效的开发。同时，要积极进行农村干部的选拔，注重培养他们的务实作风和为人民服务的精神，以人力资源开发体系为支撑，建立各项人力资源管理的制度，确保农业人力资源开发中各项相关活动得到可靠的保障。

9.5.1.3 强化农村实用人才市场的宣传力度

通过建立健全农村的人才市场，增强实用性农业技术人才在农业生产区域的流动性，确保农业发展信息的有效流通，从而促进技术指导。同时，注重技术示范区的带头作用，适当放大农业人才的功效。也可以建立农业人才信息服务网站，对专业农业人才进行信息的备案和统计，结合不同区域的人才需求进行人才的流动服务提供，再根据农村从业人员的资历及年龄，探索符合农业人力管理的职业定位，对实用性农业人才进行综合评价，选拔一批尖端人才。

9.5.1.4 积极构建学习型农村社区

通过在农村打造学习型组织，可以塑造较好的学习氛围，以建立扁平化的发展组织。通过构建学习型社区，可以使农村的政治、经济、文化得到一体化统筹，发挥模范带头作用，开展组织成员的文化教育工作。积极开展丰富的农村文娱活动，改善农村文教条件和环保理念，塑造新时代新农村，为农业人才的留用打好硬件仗。

【延伸阅读】

上海10个学习型乡村建设项目亮相

上海市学习型社会建设服务指导中心办公室主办的上海学习型乡村建设论坛暨第六届社区教育上海论坛近日在崇明区举行，10个学习型乡村建设项目亮相并被授牌。

实施乡村振兴战略，是党的十九大作出的重大战略部署，是决胜全面建成小康社会、全面建设社会主义现代化国家的重大历史任务，是新时代做好"三农"工作的总抓手。此次论坛以"社区教育在乡村振兴战略中的作用"为主题。

上海开放大学校长袁雯强调社区教育在推进学习型乡村建设、落实乡村振兴战略中的重要作用，并从育农、引源、修身和治理4个方面进行具体阐述。市学办主任彭海虹作《学习型乡村建设的探索与思考》专题报告，围绕学习型乡村提出其理念内涵、建设模型、推进举措、建设成效和未来工作思考等方面，详细介绍了上海开展学习型乡村试点建设工作的整体情况。

据悉，上海在全国率先启动学习型乡村试点建设工程，尝试通过发展乡村社区教育的方式建设学习型乡村，培养村民的学习意识与素质能力，激发乡村发展的内生动力与创造活力，从而助推乡村振兴战略的实施。上海学习型乡村建设工作自启动以来，在青浦区社区学院、嘉定区华亭镇教委、浦东新区书院镇成人学校、浦东新区大团镇赵桥村、金山区张堰镇建农村、金山区枫泾镇新义村、金山区廊下镇山塘村、崇明区横沙乡丰乐村、崇明区建设镇虹桥村、崇明区港西镇北双村10个试点单位设立特色项目。

以浦东新区大团镇赵桥村为例，通过成立"田间教室"，为村民提供农业知识、技能培训，建立产业标准化生产管理体系，建设标准化示范基地，提供统一品牌、统一包装、统一销售等服务，开展田园漫步、果实采摘、趣味课堂等活动，提高了"赵桥蜜露桃"的品牌知名度，培育了乡村特色产业。

崇明区港西镇北双村则依托阳刚民间音乐馆学习点，将乡村学习融入社区治理，打通群众自治"新渠道"，广泛参与文明法治宣教、民意民情征集、问题排查整改、矛盾纠纷调解、民主评议监督等基层治理活动，将其打造成村民自我管理、自我教育、自我服务、自我提升的自治平台，创新了基层社区治理模式。

（资料来源：刘昕璐，上海10个学习型乡村建设项目亮相.青年报.2018, 12（A03版））

9.5.2 国有林场人力资源开发

9.5.2.1 国有林场人力资源开发的概念

当前学术界对"国有林场人力资源开发"这一概念未作明确定义，根据人力资源开发的定义和国有林场的现状，本文将"国有林场人力资源开发"的概念定义为：国有林场人力资源开发是一项庞大、复杂的社会系统工程，其中包含了诸多特定要素，有其运作的固有环节、内容和目标。具体地说，它是一项以政府、林场、家庭及个人相关行为的开发主体，以有效的政策和制度安排为依据，通过正规教育、职业培训和医疗卫生等手段，以发掘、培养、利用和发展国有林场人力资源为主要内容，最终达到对国有林场人力资源数量控制、质量改善、结构优化和有效合理配置利用等一系列有计划的活动和过程。

9.5.2.2　国有林场人力资源开发的对象

依据人力资源开发的概念、国有林场的现状和国有林场功能，国有林场人力资源开发的对象有个体和群体两类，个体对象包括国有林场的正式在岗职工、离退休职工、非正式职工、林场区域内的与林场资源有密切联系的个体；群体对象是指林场、林场所在的正式组织和非正式组织。

9.5.2.3　国有林场人力资源开发的目的

根据人力资源开发理论，提高组织工作效率、优化组织结构和人员的配置是国有林场和其他组织人力资源开发共同的目的。然而，由于近几年我国对生态环境问题的重视，国有林场作为我国生态环境建设的主要阵地，国有林场人力资源开发需要为发展战略的调整服务，推动国有林场森林资源的生产力和生产关系的发展，积极发挥国有林场在生态建设中的积极作用，促进国有林场的又好又快发展。

目前，国有林场主要承担的是森林生态功能，以天然林保护工程和森林资源采伐限额制度作为制度支撑。国有林场区域内能够承载生产、生活的劳动力数量逐年减少，使得国有林场人力资源开发萌生了新的课题，即让国有林场区域内的剩余劳动力能够具备转移到国有林场外部的能力，减少对国有林场森林资源的依赖，保障国有林场的健康、有序发展。

9.5.2.4　国有林场人力资源开发的原则

（1）系统性

人力资源本身就是一个系统，包括要素结构子系统、数量分布子系统、要素作用相互影响子系统、要素相互生存与发展子系统等。就国有林场内部的人力资源系统来说，其内部包括年龄结构子系统、学历结构子系统、职务职称结构子系统、性别结构子系统等。就个体系统来说，有知识结构子系统、技能结构子系统、品性素质结构子系统，有岗位、部门、组织、家庭、社会环境活动子系统等。如果仅对其中一个的子系统或子系统某个要素进行开发，就会限制开发效果。因此，要注重对人力资源的系统性开发。

（2）动态性

人力资源开发客体具有主观能动性，开发过程中的长期性以及开发活动的责任性，决定了人力资源开发的动态性。人力资源开发必须根据开发过程出现的各种变化，不断调整开发的阶段性目标、内容与措施。根据人力资源个体的差异性，需采取不同的开发方式和方法；根据开发取得的阶段性成果和问题，应及时调整、优化下一阶段的开发计划和方案。人力资源开发还须具有持续性与坚持性。

（3）战略性

在进行人力资源开发方案制订的时候，我们的目标一定是面向未来改革的需求，面向我们的战略规划和发展需要。如果人力资源开发缺乏战略眼光与战略措施，那么人力资源的开发活动就是没有价值的。从这种意义上来说，人力资源开发是人力资源中长期规划实现的重要手段与途径。

9.5.2.5 国有林场人力资源开发的途径及方法

国有林场人力资源开发方式有很多种类：①根据开发者是否为国有林场系统内部的人员，可以分为内部开发和外部开发。内部开发一般是国有林场系统内部组建临时专门培训队伍对员工进行培训，具有节约成本、针对性强、更实用的优点，缺点是效果受培训队伍影响比较大；外部开发一般是邀请国有林场系统外部的人员，有针对性的对某一方面内容进行培训或从理论上加以指导，一般成本较高；②根据被开发者是否脱离原来的岗位，可以分为在职培训和脱产培训。重点职位利用在职培训方式可以保证人不离岗；脱产培训则可以让员工更系统地学习，有利于整体素质的提高，其优势为有利于培育新人，特别是针对储备管理人员；③根据被开发者所接受的培训方式可以分为全员培训和个体培训；④根据开发者主体可以分为员工自我开发、组织开发、国家开发 3 类；⑤根据开发内容可以分为提高人力资本的开发和优化人力资源配置的开发。对人力资源进行开发包括知识、技能、素质、修养等，优化人力资源配置的开发包括制度开发、迁移性开发和人力资源引进等。

9.5.3 我国国有林场人力资源开发对策

9.5.3.1 正确引导和牢固树立人力资源开发意识

（1）树立正确的人力资源开发观

经历了改革开放和社会主义市场经济的确立，人们的思想虽然已经解放出来，融入了商品经济中，但对人力资源投资的认识还呈现出明显不足。新时期国有林场人力资源的开发，首先需要一场全社会的理念革命。"以人为本"的人才发展观，要求各级政府树立人才意识，要改变重物质投入、轻人力资源开发的传统观念，正确认识国有林场人力资源开发的重要性，增强国有林场人力资源开发的紧迫感、责任感和主动性，树立人力资源是第一资源的思想，最终实现把人的全面发展和人力资源开发放在首位。

（2）加强人力资源开发方面的宣传教育

国有林场人力资源开发是利国利民的一项工作，这不仅需要政府政策上的支持、财政资金上的投入，更需要的是对国有林场劳动力的重视。可以通过广播、电视节目、网络等形式，加强对人力资源投资重要性的宣传，进而引导人们树立参加教育、培训等都是一种经济投资行为的理念，最终帮助劳动者获得更多的工作机会和更高的劳动报酬。

9.5.3.2 夯实国有林场人力资源开发的基础

（1）完善国有林场区域的医疗卫生条件

人力资源的最终依附体是人本身，健康存量是人力资源的一个重要组成部分。因此，完善的公共卫生体系和健全的医疗保障体系既能保证国有林场人力资源开发的质量，又能保证国有林场人力资本总量的快速有效增长。党的十八大以来，以习近平为核心的党中央提出新时代卫生健康方针，以基层为重点，出台《基本医疗卫生与健康促进法》确定了基层医疗体系在医疗卫生服务体系中的基础地位，不断推进健康乡村建设，持续提升乡村居民健康水平。

（2）增加国有林场劳动力接受教育的机率

①重视教育的战略地位　社会发展的关键、经济持续发展的内在动力都是人素质的提高，大力发展教育是提高民众综合素质的重要途径。发展经济学认为，对发展中国家来

说，对受教育程度低的人群进行中小学教育及文化投资是最有利的人力资本投资。国有林场教育培训是提高国有林场人力资源的基础，是国有林场人力资源开发的根本，也是国有林场劳动力学科学、学技术、实现职业转化的必要基础。

②加强国有林场教育投入　增加对国有林场的教育经费拨款，以减少国有林场家庭的教育成本支出，吸引更多的人重视和接受教育。我国目前的教育状况尚不能满足现代化对人力资源开发的要求，教育投入略显不足。虽然我国目前已经免除了义务教育阶段的所有费用，但由于接受高层次教育的费用相对较高，国有林场劳动力收入较低，阻碍了家庭成员接受更高层次的教育。因此，国家应该有规划的向国有林场地区投入更多的教育资金，使国有林场劳动力有机会接受更高层次的教育，满足国有林场长远发展对高层次人才的需求。

③深化教育体制改革　整合各种教育资源，大力发展农村职业教育和成人教育。形成正规教育、成人教育、职业教育、技术培训等多管齐下的国有林场人力资源开发教育系统；鼓励社会资金投入教育事业，提高我国教育总体供给能力；根据国内、外形势的变化，结合国有林场实际的生产实践，及时掌握市场对劳动力的需求状况，调整培训方向，为林场提供综合型人才；引导国民树立终身学习理念，培养国民的自我开发意识。

9.5.3.3　落实国有林场人力资源规划工作

人力资源规划是人力资源开发和管理的初始步骤，从狭义上讲就是对人力资源供需进行预测，并使之平衡的过程。国有林场为了适应组织环境的变化和技术的不断更新，保证国有林场目标的实现，就必须加强人力资源规划，必须对国有林场未来的人力资源供给和需求做出科学预测，以保证在需要时就能及时获得所需的各种人才，进而保证实现组织的战略目标。

然而，国有林场一直沿用传统的人事管理制度，已经不能适应当前国有林场发展战略的需要，因此用落实国有林场人力资源规划工作。国有林场人力资源规划包含宏观和微观两个层次。宏观层面就是在总体上把握国有林场人力资源的供需平衡；微观层面就是落实到具体某个国有林场，要结合自己的生产实践并科学预测人力资源的供需状况，并使之平衡。

9.5.3.4　积极提高国有林场人员的收入

（1）积极开辟国有林场经济新增长点

国有林场目前的森林资源状况和制度安排，使其无法充分利用木材资源获得经济收入，组织和个人的正常发展缺乏资金支持，也就没有资金去支持人力资源开发。基于这一现实，我们必须综合开发国有林场的潜在资源、积极探索国有林场新的生产力和生产关系，开辟新的经济增长点，为国有林场人力资源开发提供资金保障。

（2）加大财政对国有林场的支持力度

政府继续加大对国有林场的财政投入力度，并不断提高财政支出的比重。与此同时，将国有林场基本建设、人员教育、科技经费、救济救助等费用纳入政府投入范畴，改善国有林场现状，为国有林场人力资源开发提供优良的人力资源基础及更多的资金支持。

（3）提高国有林场社会保障措施和医疗卫生条件

与国有林场正式职工相比，国有林场区域内其他劳动力的社会保障程度和医疗卫生条件要差很多。这主要是因为国有林场是企业化运营的事业单位，而大多数的其他人员地处国有林场区域内的农村。近年来我国在农村社会保障和医疗方面投入了大量资金，确保农村人口医疗保障方面的需要。国有林场劳动力的不确定因素，使国有林场劳动力对人力资源开发的偏好降低。因此，目前国有林场的社会保障措施和医疗卫生条件是影响人力资源开发的重要因素，必须完善国有林场社会保障制度和医疗卫生制度，为国有林场人力资源开发服务。

9.5.3.5 完善相关制度，优化人力资源配置

（1）完善劳动力流动转移制度

国有林场存在大量的剩余劳动力，这些劳动力需转移到国有林场之外，对国有林场的发展造成很大压力。可以通过如下措施缓解人力资源方面的压力：①改革户籍制度。从人力资源开发的角度来说，户籍制度的存在严重阻碍了人力资源的流动，从而阻碍了人力资源质量的提升，需要逐渐改革与社会发展规律相违背的制度；②出台针对外出务工人员的社会保障制度，提高外出务工人员的就业机率，降低外出务工人员的就业难度；③加强国有林场劳动力就业管理和网络信息服务；④加强对国有林场外出务工人员的引导和管理，废除歧视政策，以保障务工人员的合法权益。

（2）加强国有林场的管理制度

国有林场是指依法设立的从事森林资源保护、培育、利用的具有独立法人资格的公益性事业、企业单位。2022年国家林业和草原局下发了《国有林场管理办法》的通知，按此办法进行管理。国有林场森林资源实行国家、省、市三级林业主管部门分级监管制度，对林地性质、森林面积、森林蓄积等进行重点监管，加强对国有林场的监督管理"。

（3）引导广大林农参与国有林场管理

国有林场的广大林农对森林资源有很大的需求，而国有林场为了实现林业发展必须最大限度地保护森林资源。林农与国有林场在利益需求上的对立关系，增加了国有林场的经营成本，也增加了林农获取生产、生活资料的成本。社区参与理论可以成功化解这一矛盾。社区参与使两者的矛盾不断内化，将林农的利益依托在国有林场健康发展的基础之上，使两者的利益实现有机统一。并且，社区参与在我国林业发展实践中积累了许多宝贵的经验，值得国有林场借鉴。

【本章小结】

本章主要论述了农林人力资源的含义、体系，农林公共部门人力资源建设历史，农林公共部门人力资源管理现状，农林公共部门人力资源管理的必要性，农林公共部门人力资源开发与管理对策等内容。

农林人力资源是农林行业内从业人员的总和。农林人力资源的体系包括农业生产人员、农业专业技术人员、农业管理人员和农业企业从业人员。农林公共部门人力资源管理的演进及发展历程对当前我国农林的人事制度和管理制度改革具有借鉴意义。农林公共部门人力资源管理现状，揭示了我国农林人力资源存在的问题。农林公共部门人力资源管理的必要性体现在其有利于推动社会经济发展，实现农业产业化和农村工业化，提高农民收入的重要因素，有利于农业可持续发展。农业人力资源开发与管理对策包括：国家要对农

业人力资源的开发引起足够重视，不断进行基层农业人力资源开发体系的建设和完善，建设农村实用人才市场、强化宣传力度，积极构建学习型农村社区。国有林场人力资源开发作为农林人力资源开发与管理的重要部分之一，主要是为了提高组织人力资本、提高组织工作效率、优化组织结构和人员的配置，具有系统性、动态性、战略性的特点。对国有林场的开发，要做到正确引导和牢固树立人力资源开发意识，夯实国有林场人力资源开发的基础，落实国有林场人力资源规划工作，积极提高国有林场人群的收入，完善相关制度，优化人力资源配置。

【关键术语】

人力资源管理　农林部门　农林人力资源开发　农林人力资源管理对策　农林人力资源管理现状　农林人力资源建设历史　农林公共部门人力资源开发与管理　国有林场

【复习思考题】

1. 简述农林人力资源的定义及其体系。
2. 简述农林公共部门人力资源建设历史的影响。
3. 简述农林公共部门人力资源管理的必要性。
4. 简述农林公共部门人力资源管理现状体现的问题。
5. 简述开发和管理农林公共部门人力资源的方法。

参考文献

（澳）欧文 E·休斯，2015. 公共管理导论 [M]. 4 版 . 北京：中国人民大学出版社 .

（美）H·乔治·弗雷德里克森，2011. 新公共行政 [M]. 北京：中国人民大学出版社 .

（美）杰伊·M·沙夫里茨，艾伯特·C·海德，2019. 公共行政学经典 [M]. 北京：中国人民大学出版社 .

（美）蓝志勇，2003. 行政官僚与现代社会 [M]. 广州：中山大学出版社 .

（美）唐纳德·E 克林格勒，约翰·纳尔班迪，贾里德·洛伦斯，2013. 公共部门人力资源管理系统与战略 [M]. 6 版 . 北京：中国人民大学出版社 .

（美）西奥多·舒尔茨，2002. 对人进行投资 [M]. 北京：首都经济贸易大学出版社 .

常荔，张荣锋，2015. 公共部门人力资源管理创新：理论综述与研究展望 [J]. 江汉论坛（12）：136–139.

陈振明，2017. 公共管理学 [M]. 北京：中国人民大学出版社 .

池忠军，2012. 公共管理考辨与范畴 [M]. 北京：知识产权出版社 .

法律出版社法规中心，2014. 事业单位人事管理条例 [M]. 北京：法律出版社 .

范炜烽，2012. 当代西方政府管理改革价值选择研究 [M]. 北京：中国社会科学出版社 .

高玉娟，高欣，2015. 生态文明视角下政府绩效管理模式分析 [J]. 安徽农业科学（07）：342–343+347.

高玉娟，关晨，2020. 天保工程二期黑龙江省林下经济产业发展研究 [J]. 林业经济问题，40（06）：618–625.

高玉娟，李文，2013. 关于健全我国乡镇公务员激励机制的思考 [J]. 科技与企业（04）：216–217.

高玉娟，裴乃杭，2015. 林业资源型城市转型期行政职能重塑研究 [J]. 安徽农业科学（10）：311–312.

高玉娟，肖艺莘，2021. 政府主导下的伊春森林旅游公共服务管理对策研究 [J]. 经济师（02）：122–123.

郭济，2007. 行政管理体制改革 思路和重点 [M]. 北京：国家行政学院出版社 .

郭京红，2016. 浅谈林业事业单位中人力资源管理的人性化管理的意义 [J]. 现代经济信息（10）：63.

郝玉明，2022. 新时代中国特色公务员管理创新研究——基于国外近十年改革的述评 [J]. 新视野（06）：121–128.

胡旭阳，2020. 新时代公务员管理工作的浙江实践与思考 [J]. 人民论坛（21）：62-63.

黄思惠，2021. 公共部门人力资源管理与传统人事管理的差别式研究意义探究 [J]. 黑龙江人力资源和社会保障（10）：76-78.

吕文增，季乃礼，2018. 治理模式的多样性与发展序列 [J]. 甘肃行政学院学报（04）：32–45+126–127.

倪东辉，2022. 基层公务员考核创新 [M]. 北京：国家行政管理出版社.

宁本荣，2020. 人力资源管理的新时代风险挑战与化解战略 [J]. 领导科学（24）：91–94.

潘邦贵，2006. 林业企业人力资源管理现状分析及其对策研究 [J]. 林业经济问题（01）：48–51.

彭剑锋，2014. 战略人力资源管理 理论实践与前沿 [M]. 北京：中国人民大学出版社.

邱立姝，王烨，2022. 我国林业人力资源研究概述 [J]. 林业科技情报，54（03）：29–32.

邱茜，李姝婷，2021. 数字时代公共部门的人力资源管理：机遇、挑战与应对策略 [J]. 中国行政管理，（12）：44–51.

史惠文，2021. 新公共管理视角下的公共部门人力资源管理探究 [J]. 科技资讯，19（31）：114–116.

舒放，贾自欣，2022. 公务员制度教程 [M]. 6 版. 北京：中国人民大学出版社.

苏立宁，2014. 公共部门人工成本管理研究：回顾与展望 [J]. 中国人力资源开发（21）：85–90.

孙柏瑛，祁凡骅，2015. 公共部门人力资源开发与管理 [M]. 4 版. 北京：中国人民大学出版社.

唐铁汉，2008. 行政管理体制改革的前沿问题 [M]. 北京：国家行政学院出版社.

滕玉成，于萍，2018. 公共部门人力资源管理 [M]. 上海：复旦大学出版社.

田秀娟，2020. 基层政府编外用人的行动逻辑与优化研究——一个"二重委托 – 代理"的分析框架 [J]. 中共福建省委党校（福建行政学院）学报（01）：97–104.

王雨寒，2022. 公共部门人力资源管理数字化转型 [J]. 人力资源（14）：148–150.

王兆君，尚瑞，关宏图，2010. 林业资源型城市转型中人力资源的作用分析 [J]. 经济问题探索（06）：104–107.

许昊辰，2022. 公共部门人力资源管理的激励机制探究 [J]. 商业文化（05）：53–54.

杨华，2021. 基层政府人事激励的类型及其逻辑 [J]. 华中师范大学学报（人文社会科学版），60（02）：32–43.

杨莉，崔茂崇，2018. 公共部门人力资源管理 [M]. 上海：上海交通大学出版社.

姚文康，2021. 公共部门年功序列型人力资源管理策略的影响与调适 [J]. 领导科学（18）：58–60.

尹蔚民，2001. 公务员管理的法制化 [J]. 国家行政学院学报（06）：15–20.

张德，2016. 人力资源开发与管理 [M]. 5 版. 北京：清华大学出版社.

张国锋，2022. 事业单位人力资源管理中弹性管理的运用研究 [J]. 财经界（28）：171–173.

张俊生，2008. 行政事业单位人力资源管理 [M]. 北京：首都经济贸易大学出版社.

张再生，刘明瑶. 2015. 基于资源基础理论的公共部门人力资源管理变革研究 [J]. 行政论坛，22（02）：69–73.

赵菁，2020. 浅析新公共服务视角下的公共部门人力资源管理 [J]. 劳动保障世界（17）：5.

赵向东，2020.人力资源管理探索与实践[M].西安：西安出版社.

赵阳，2018.人力资源与管理[M].咸阳：西北农林科技大学出版社.

赵源，2019.新时代地方政府人力资源管理评价体系研究[J].中国行政管理（05）：96-100.

郑励志.2001.日本公务员制度与政治过程[M].上海：上海财经大学出版社.